东巴经典数字化

DONGBA JINGDIAN SHUZIHUA

GUOJI GONGXIANG PINGTAI JIANSHE YANJIU

国际共享平台建设研究

徐小力　吴国新　著

中央民族大学出版社
China Minzu University Press

图书在版编目（CIP）数据

东巴经典数字化国际共享平台建设研究 / 徐小力，吴国新著．—北京：中央民族大学出版社，2020.8

ISBN 978-7-5660-1776-5

Ⅰ．①东… Ⅱ．①徐… ②吴… Ⅲ．①纳西族—民族文化—数字化—资源共享—研究—中国 Ⅳ．① K285.7

中国版本图书馆 CIP 数据核字（2019）第 301726 号

东巴经典数字化国际共享平台建设研究

著　　者　徐小力　吴国新

责任编辑　陈　琳

封面设计　舒刚卫

出 版 者　中央民族大学出版社

北京市海淀区中关村南大街 27 号　　邮编：100081

电话：（010）68472815（发行部）　　传真：（010）68933757（发行部）

（010）68932218（总编室）　　（010）68932447（办公室）

发 行 者　全国各地新华书店

印 刷 厂　北京鑫宇图源印刷科技有限公司

开　　本　787×1092　1/16　　印张：15.25

字　　数　187 千字

版　　次　2020 年 8 月第 1 版　2020 年 8 月第 1 次印刷

书　　号　ISBN 978-7-5660-1776-5

定　　价　88.00 元

项目资助：

国家社会科学基金重大项目（项目号：12&ZD234）

国家重点研发计划项目专题（项目号：2017YFB1402100）

撰写委员会

主　任：

徐小力（北京信息科技大学）

吴国新（北京信息科技大学）

副主任：

张　旭（北京东巴文化艺术发展促进会）

白庚胜（中国作家协会、国际纳西学学会）

李　宁（北京信息科技大学）

王红军（北京信息科技大学）

李　东（北京信息科技大学）

丁春艳（中央民族大学）

王少红（北京信息科技大学）

蒋章雷（北京信息科技大学）

陈若愚（北京信息科技大学）

王海燕（北京信息科技大学）

陈　晓（北京信息科技大学）

刘秀丽（北京信息科技大学）

序

纳西族（古称“么些”“麽些”等）是我国一个有着31万人口的少数民族，主要分布在青藏高原东南麓的金沙江、澜沧江流域。数百年来，世代东巴用东巴象形文字将本民族数千年的历史、文化记录于“白地纸”（即“东巴纸”，其制作工艺被列入国家非物质文化遗产）上并装订成所谓的“东巴经”（即“东巴古籍”，本书将具有代表性的东巴古籍称为“东巴经典”），而经书内容所反映的文化称为“东巴文化”。

由于历史的原因，东巴古籍被分散收藏于世界各地数十个机构及个人，并且因为大多数收藏机构缺乏研究力量和彼此的沟通，大量东巴经典的内容和价值不为世人甚至收藏者所知、所利用，成为“沉睡的宝藏”。特别是由于时代的变迁和传统东巴文化的衰落，在世的能够准确释读东巴古籍的东巴现已寥寥无几，更使这一人类文明的珍贵记录、“活着的象形文字”处于濒危状态，面临无人识别、解读的现实危险。

为了保护、研究并在世界范围内共享这一珍贵的人类文化遗产，为了传承并宣传我国少数民族的优秀文化，进而提升“文化自信”“文化实力”，在国家社会科学基金重大项目和国家重点研发计划项目专题的支持下，本研究团队汇集国内有关的大学、研究机构、民族文化保护组织等力量开展了跨学科综合研究，提出并构建了东巴经典数字化国际共享平台。本书正是基于国家社会科学基金重大项目东巴经典数字化国际共享平台建设研究的成果撰写而成。

本书以“世界记忆遗产”东巴经典的抢救与传承为主要内容，开展社会科学与自然科学的跨学科综合性研究，有利于开拓“中国少数民族语言文字”“信息处理技术”“计算机应用”“传播学”等大跨度学科交叉及国际合作研究的模式定位，有利于数字化、网络化的现代信息科技手段在历史文化遗产方面的信息获取、处理、存储及传播的科学运用。本研究基于数字化平台有利于高效、高质量地实现东巴经典的有效抢救与保护，基于网络化平台有利于实现东巴经典的广泛传播与资源共享等，主要涉及“中国少数民族语言文字”“信息处理技术”“计算机应用”“传播学”等学科领域。

本书在写作过程中参考并引用了许多学者的资料，在此，谨对他们表示衷心的感谢。

本书得到了跨学科综合研究类的国家社会科学基金重大项目“‘世界记忆遗产’——东巴经典传承体系数字化国际共享平台建设研究”（项目号：12&ZD234）的资助，以该项目结题（结题证书号：2018&J021）时的研究报告为主要内容，其中采用了北京东巴文化艺术发展促进会张旭会长提供的研究素材、图片资料等，在此表示衷心的感谢；本书也得到了国家重点研发计划“现代服务业共性关键技术研发及应用示范”重点专项——“民族、民间文化资源传承与开发利用技术集成与应用示范”项目（项目号：2017YFB1402100）的资助，该项研究得到了北京师范大学周明全教授、陕西师范大学吴晓军教授的大力支持，在此致以深深的谢意；本书还得到了现代测控技术教育部重点实验室开放课题、机电系统测控北京市重点实验室开放课题等项目的资助，在此一并表示感谢。

热诚地欢迎各位专家、学者对本书提出宝贵建议，希望通过与各位的交流提高相关领域的研究水平。

徐小力、吴国新

2019年3月

目 录 Contents

绪论

一、研究背景

纳西族（古称“么些”“麼些”等）是我国一个有着31万人口的少数民族，主要分布在青藏高原东南麓的金沙江、澜沧江流域。纳西族有自己的文字即东巴象形文字，如图1所示。

图1　东巴象形文字（东巴古籍《创世纪》首页，丽江市东巴文化研究院收藏）

该文字由于主要用于书写纳西族普遍信奉的原始宗教“东巴教”经书（也用于民间记事、书信、记账等），为东巴教祭师“东巴”（以下统称为“东巴”或简称“东巴”）所掌握而被称为“东巴文字”。东巴文字是一种原始的并且是当今世界上唯一还在使用的象形文字，因而被称为“活着的象形文字”。数百年来，世代东巴用东巴象形文字将本民族数千年的历史、文化记录于用纳西族的传统工艺制作的质地优良的纸张“白地纸”（即“东巴纸”，其制作工艺被列入国家非物质文化遗产）上并装订成所谓的“东巴经”（即“东巴古籍”，本书将具有代表性的东巴古籍称为“东巴经典”），而经书内容所反映的文化称为“东巴文化”（纳西族文化的主要组成部分）。

东巴古籍现存1400多种，共计3万余册。东巴古籍记录了纳西族从人类文明的童年到高度繁荣的古代的历史进程，其内容涉及哲学、历史、宗教、医学、天文、地理、民俗、动植物、军事、文学、艺术等领域，堪称“古代纳西社会的百科全书”。鉴于东巴古籍所具有的语言文字学、民族学、社会学、人类学、历史学、宗教学等方面的重要价值，2003年，“纳西东巴古籍”被联合国教科文组织列入“世界记忆遗产”，成为纳西族及其聚集地区为人类社会贡献的第三项世界遗产（另两项为世界文化遗产“丽江古城”和世界自然遗产“三江并流”）。

纳西族创造了极具特色的以东巴文化为代表的民族文化，为世人呈现了人类古代文明的一种完整形态。解读东巴古籍，不仅是研究纳西族历史、东巴象形文字起源与演变等众多疑难问题的基本手段，人们还可以从中探寻到许多人类早期文明的演变和思想发展的轨迹。东巴古籍展现了从图画到象形文字的成熟、形声文字的发展、标音文字（从东巴文字发展而来的“格巴文字”）的产生等东巴文字的演变过程，是研究人类文字起源和发展的“活化石”，也是深入研究玛雅象形文字、埃及圣书象形文字、巴比伦楔形文字、中国甲骨文等古文字演变的重要参照系统。东巴古籍全方位地展现了一个源自本民族并受多种宗教（苯教、佛教、道教等）影响的原始宗教文化系统，是研究人类文化、宗教起源与发展、原始文化、宗教向现代文化过渡，以及多种文化、宗教相互影响的典型样本。东巴古籍记录了纳西族在中国西南地区长期居住、迁徙，与周边民族交往的历史，揭示了我国众多少数民族的文化历史关系。东巴古籍所记述的“各民族原本是兄弟，应和睦相处”“人类应该保护自然环境并与自然和谐相处”“各民族应兼收并容各种优秀文化”等精髓，至今仍具有重要的现实意义。

但是，由于历史的原因，东巴古籍被分散收藏于世界各地数十个机构及个人，并且因为大多数收藏机构缺乏研究力量和彼此的沟通，大量东巴古籍的内容和价值不为世人甚至收藏者所知、所利用，成为“沉睡的宝藏”。特别是由于时代的变迁和传统东巴文化的衰落，在世的能够准确释读东巴古籍的东巴现已寥寥无几，更使这一人类文明的珍贵记录、“活着的象形文字”处于濒危状态，面临无人识别、解读的现实危险。

为了保护、研究并在世界范围内共享这一珍贵的人类文化遗产，为了传承并宣传我国少数民族的优秀文化，进而提升“文化自信”“文化实力”，在国家社会科学基金重大项目的支持下，本项目组汇集国内有关的大学、研究机构、民族文化保护组织等力量，用5年的时间开展跨学科综合研究，通过跨学科综合研究及国际合作，基于数字化、网络化加工、检索、存储、通信等现代信息化技术创建了“东巴经典数字化国际共享平台”。该平台用于东巴古籍象形文字的图形识别、语音辨识、内容释读，以及形、音、义信息及其共轨信息的处理与管理，能够为高度分散的东巴古籍收藏和研究机构提供资源共享及学术交流的渠道，不仅为东巴古籍的保护和研究提供了新的途径，同时，对于国内外文化遗产的数字化保护和宣传也具有普遍的借鉴意义。

二、总体研究内容

东巴经典数字化国际共享平台建设研究依据2012年度国家社会科学基金重大项目（第四批）招标选题确定的"'世界记忆遗产'——东巴经典传承体系数字化国际共享平台建设研究"提出的总体研究任务与目标，以"世界记忆遗产"东巴经典的抢救与传承为目标，开展社会科学与自然科学的跨学科综合性研究，主要涉及"中国少数民族语言文字""信息处理技术""计算机应用""传播学"等学科领域。本研究通过大跨度学科交叉及国际合作研究的途径，以数字化、网络化等现代信息技术为手段，在遗产所在国首先研究构建面向全球的东巴古籍国际共享信息平台，同时汇集世界上重要的收藏东巴古籍的图书馆、博物馆、研究所、院校及个人的珍贵信息，运用数字化、网络化等现代信息技术手段进行"世界记忆遗产"——东巴经典文化信息的获取、处理、存储及传播，基于数字化平台高效、高质量地实现东巴经典的有效抢救与保护，基于网络化平台实现东巴经典的广泛传播与资源共享。

本项目提出的创新观点是：基于国际东巴学术研究的现状，首先在中国研究并建设一个面向东巴经典传承体系的数字化国际共享平台。构建这样一个国际化的数字网络共享平台在传承东巴经典文化这一中华优秀传统文化的研究中尚无先例。鉴于东巴文化在国际上是研究热点，且具有大量的国际化研究需求，本项目根据东巴经典在国际著名机构的研究状况，为该共享平台的研究和建立提供了有利条件和珍贵资源，同时让研究构建的数字化、网络化共享平台具有了在国际上被高效率利用的广阔前景。

（一）东巴古籍数字化国际共享平台整体架构

在已完成的国家社会科学基金重大项目"'世界记忆遗产'——东巴经典传承体系数字化国际共享平台建设研究"（项目号：12&ZD234，结题证书号：2018&J021）的支持下，该共享平台的研究和建立汇集了国内有关的大学、东巴文化研究机构、东巴文化保护组织的力量，会聚了语言学、社会学、民族学、人类学、宗教学，以及计算机、信息处理、网络传播、多媒体技术等多学科领域的学者，在联合国教科文组织的帮助下与多个国家的收藏机构进行广泛的国际合作，提出以构建东巴古籍数字化国际共享平台的方式保护、传承并在世界范围内共享这一珍贵的人类文化遗产。

东巴古籍数字化国际共享平台将计算机、信息处理、网络传播、多媒体技术等多项新技术应用于东巴古籍国际共享平台的建设，其整体架构如图2所示。该平台可以被划分为东巴古籍数字化文献系统、东巴古籍象形文字释读系统、东巴古籍信息管理系统三个主要系统及其相关的子系统。

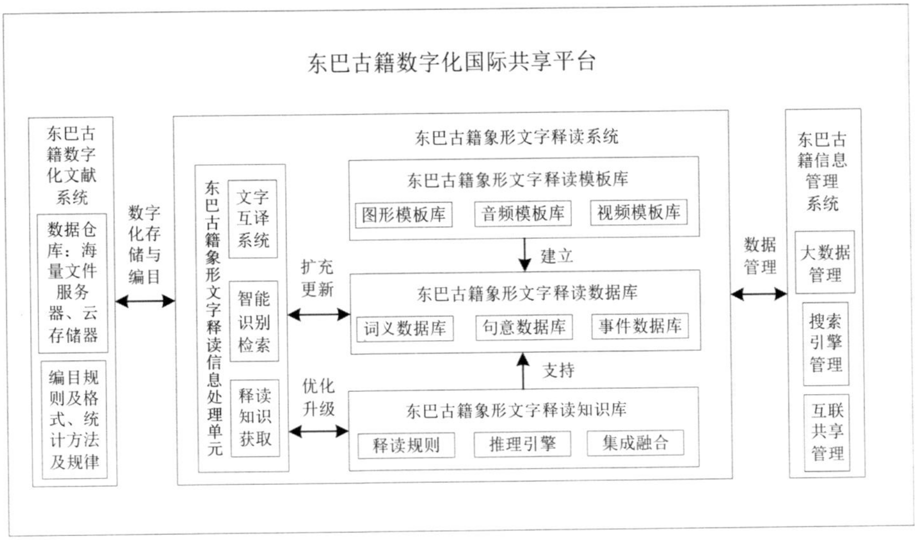

图2　东巴古籍国际共享平台架构

东巴古籍数字化文献系统用于存储东巴古籍、相关文献等数字资源，东巴古籍象形文字释读系统用于东巴古籍象形文字的计算机辅助识别和翻译，东巴古籍信息管理系统用于搜索、管理与东巴古籍相关的海量信息。共享平台通过互联网，在高度分散的东巴古籍收藏、研究机构之间建立了资源共享和学术交流的渠道，拥有与联合国教科文组织的世界记忆工程数据库（MOW）的连接途径。共享平台提供了多种与用户交互和内容展现的方式。

为了给共享平台的数据库提供本地资源档案，我们进行了东巴古籍及相关资料的探寻、采集、研究整理、制作、信息化处理等工作，主要包括：

1. 东巴古籍及其研究文献的探寻与数字化采集

在深入调研国内外东巴古籍地域分布及收藏数量的基础上，数字化采集了（利用数码照相等方式记录纸质文献并将其处理为适合计算机存储的数字文件）被分散收藏于国内外的东巴古籍。汇集了英国、法国、德国的国家图书馆，美国国会图书馆等11家国外收藏机构，丽江市东巴文化研究院、中国国家图书馆等10家国内收藏机构的数字版东巴古籍共计3378册（其中国外1229册）。还数字化采集了大量的东巴古籍研究的多种珍贵的历史文献档案。

2. 东巴古籍的翻译、释读，以及音频、视频记录

对采集的东巴古籍择其经典，请在世的权威老东巴进行抢救性释读、翻译并音频、视频记录释读过程（多机位同步记录释读者的表情和口型、释读文字内容、释读场景等）。拍摄了大量的反映东巴文化（民俗、艺术、传统制作、祭祀仪式、传统庆典等）的视频和图片，并将部分视频素材编辑、制作成了资料片。

3. 东巴古籍的编目

提出修订东巴古籍编目信息的方法并对现存的编目进行了审核与修

订，整理了国内外18家收藏机构的代表性东巴古籍编目资料4524册，编目内容包含内容摘要、用途、撰写者、收藏机构与收藏时间、历史背景、来源区域、书写特征等信息。

综上所述，该文献档案系统地存储着丰富的东巴古籍及其相关资料的数字资源，实现了对其数字化永久保存与国际共享，同时也使得大批流传海外的东巴古籍（数字版）回归中国。

（二）东巴古籍象形文字释读系统构建

当今能够准确释读东巴古籍的东巴大多年逾古稀，依靠世代东巴的口传心授来实现东巴古籍释读和东巴文化传承的传统方式已经难以为继。研究东巴古籍象形文字释读方法，以及其计算机辅助识别与翻译系统有助于濒危的“活着的象形文字”在现代社会中以新的方式继续生存。

1. 东巴文字识别的数据库与知识库构建与利用

依据方国瑜的《纳西象形文字谱》和李霖灿的《么些象形文字字典》，在现有“纳西东巴文计算语言平台”等系统的基础上，编制了相关的词义编码、句意编码、事件名称代码，给出了对应的汉语、英文等关联方式，进而提出并构建了东巴古籍释读数据库，包括词义数据库（字、词）、句意数据库（行为及事物）和事件数据库（历史及故事，东巴古籍中的句意往往隐含着这些内容），并按释读规则选择并集成。

在释读数据库的基础上提供智能支持工具，构建东巴文推理知识库。该知识库以专家系统为核心，与释读数据库相联，对其中的词义、句意、事件数据库进行集成，利用智能推理引擎管理三种释读数据库间的信息融合规则，如依据知识特征分别研究并建立Kautz理论的规则提取、动态粒理论的规则约简及Rete算法的知识推理，进行数据库的深层推理查询与知识获取。

2. 东巴象形文字的计算机识别技术

东巴象形文字属于复杂图画象形文字，在东巴象形文字的图形识别、内容释读，以及形、音、义共轨表达方面，现有的英文、汉字等识别系统及翻译系统通常不能适用。东巴象形文字的形、音、义都极其复杂，往往一字多形、多音、多义，也有的异形同义。通过对东巴象形文字的统计研究发现，其用各种弧线勾勒出要表达的具体事物，强调“象形”。依据东巴象形文字的特点，为提取其基本特征，提出了一种“先采用拓扑特征处理，后采用投影法进行特征提取”的分步骤的信息处理方法，为进一步的象形文字识别提出了一种模板匹配法和神经网络反馈法相结合的互补的文字识别方法。

在进一步的象形文字识别的过程中，通过对象形文字的特征进行提取，待识别的象形文字具有了相应的特征，再根据特征来进行字符识别。模板匹配法具有算法简单、速度快、不涉及复杂的迭代评估问题的特点，可以用于质量较好的古籍的文字识别；神经网络反馈法具有可进行智能学习、准确率高、抗干扰能力及适应性强的特点，可以用于保存情况较差的古籍的文字识别。经研究，提出了一种面向东巴象形文字的模板匹配法与神经网络反馈法相结合的互补的文字识别方法，且可以根据古籍的质量择优切换不同的识别方式。对1400个东巴象形文字进行识别的实验表明：采用该方式既能够保证识别的效率，又能够保证识别的准确率；即便是对于纸张褪色、局部残缺、污迹斑斑的保存情况较差的古籍，其识别率也可以达到90%以上。

（三）东巴古籍信息管理系统构建

东巴古籍信息管理系统能够通过数据挖掘与加工、搜索引擎设计、网络信息互操作等方法实现文献数据的系统化、可视化及网络化利用。东巴古籍信息管理系统还支持用户的权限管理、安全访问、信息发布、查询统计等功能，并支持多媒体内容，以及东巴文（含格巴文）、汉文、英文等文字处理。

1. 东巴古籍文献信息描述的元数据规范体系

参考国内的《专门元数据规范设计指南》《古籍元数据规范》，国际上广为使用的Dublin Core元素集等十多种面向著录对象的元数据规范，研究制定了东巴古籍文献信息描述的元数据规范体系，提出了数字化元数据标注方法并给出了应用实例，基于元数据规范提供了信息共享接口。

所制定的元数据规范以东巴古籍作为根节点，涵盖了纸质古籍、扫描古籍、古籍录音和古籍录像四种资源类型；通过对原始材料进行标注，即可实现计算机系统对其语义的自动识别和处理。所设计的元数据规范参照《中国少数民族古籍总目提要（纳西卷）》（以下简称《总目提要》）、《纳西东巴古籍译注全集（100卷）》（以下简称《译注全集》）进行，以求在东巴古籍研究领域内能够通用。

2. 东巴古籍文献的数字化加工技术

提出了东巴古籍、相关文献的数字化加工和信息提取，以及非结构化信息存储和检索的实现方式，在对数字版《译注全集》和《总目提要》的数据进行加工和信息提取的过程中实现了数字化元数据的存储及检索。

东巴古籍的信息化过程主要是：首先将纸质书籍《总目提要》扫描成图片，存储为PDF格式的文件；通过古籍数字化专用的非接触式激光扫描仪的光学字符识别系统，得到文本文件和图片文件，其中文本文件中包含汉文标题、东巴文标题、古籍书目内容等，图片文件中包含东巴文字；对提取出的文本文件进行校对并去除错误；最后采用基于正则表达式模板的信息抽取方法，将文本数据抽取成半结构化的XML文件。被进行过东巴古籍文献信息提取后的《总目提要》如图3所示。

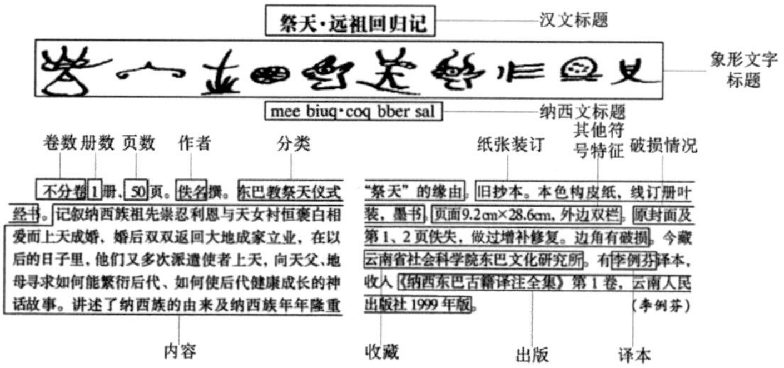

图3 被进行过东巴古籍文献信息提取后的《总目提要》

3. 东巴古籍的信息管理方式

根据东巴古籍数据的结构化，以及非结构化信息存储及检索查询的需求，不仅需要管理东巴古籍数据的结构化内容，还需要支持东巴古籍数据中经常出现的东巴文字、国际音标等特殊内容。因此需要建立基于eXist模式的面向古籍存储的信息管理系统。该系统是一种开源的原生XML数据管理系统，支持标准的XQuery查询语言，可以实现自动索引、全文搜索，并且能够与现有的XML开发工具紧密集成，有利于系统的开发与维护。自动搜索形成的半结构化XML文件如图4所示。信息管理系统中设有三个收藏夹，分别用来存储《总目提要》数据和《译注全集》数据，并用来管理系统的用户信息。信息管理系统能够将不同类别的东巴古籍资料分别存储在不同的收藏夹中，以实现不同古籍的分别管理与检索，具有较高的管理与检索效率。

东巴古籍的信息管理系统还集成有东巴古籍管理子系统和用户管理子系统。东巴古籍管理子系统主要针对古籍进行操作，包括文件上传、单条文件添加、文件检索（简单检索和高级检索）、删除和更新等功能；用户管理子系统主要对管理员的账号进行管理，包括添加管理员账户、冻结账户、查看登录用户上传的资源等功能，该系统能够对不同的用户进行控制，以保证系统的安全。

东巴古籍信息管理系统还支持用户的权限管理、安全访问、信息发布、查询统计等功能，并支持多媒体内容，以及东巴文（包括由东巴文发展而来的格巴文）、汉文、英文等文字处理。


```
<db:纸质古籍>
  <db:题名>
    <db:读音>mee biuq·coq bber sal</db:读音>
    <db:汉译>祭天·远祖回归记</db:汉译>
  </db:题名>
  <db:主要责任者>
    <db:编目编辑/>
  <db:日期>
    <db:采集日期/>
  </db:日期>
  <db:附注>
    <db:内容提要>记叙……的缘由</db:内容提要>
    <db:经书卷数>不分卷</db:经书卷数>
    <db:经书册数>1</db:经书册数>
    <db:经书页数>50</db:经书页数>
    <db:纸张装订>旧抄本。本色构皮纸，线订册叶装，墨书</db:纸张装订>
    <db:破损情况>原封面及第1、2页佚失，做过增补修复。边角有破损</db:破损情况>
    <db:收藏者标签>无</db:收藏者标签>
    <db:经书其他符号特征>页面9.2cm×28.6cm，外边双栏</db:经书其他符号特征>
  </db:附注>
  <db:相关资源/>
  <db:主题>
    <db:东巴仪式>
      <db:仪式类别>祈福延寿类</db:仪式类别>
      <db:东巴仪式名称读音/>
      <db:东巴仪式名称汉译>东巴教祭天仪式经书</db:东巴仪式名称汉译>
    </db:东巴仪式>
  </db:主题>
  <db:资源类型>东巴经古籍</db:资源类型>
  <db:时空范围>
    <db:书写区域>未知</db:书写区域>
  </db:时空范围>
  <db:语种>东巴文</db:语种>
  <db:标识符/>
  <db:权限>公开</db:权限>
  <db:馆藏信息>
    <db:机构名称>云南省社会科学院东巴文化研究所</db:机构名称>
    <db:机构代码/>
    <db:典藏号/>
  </db:馆藏信息>
</db:纸质古籍>
```


图4　自动搜索形成的半结构化XML文件

4. 东巴古籍的网络信息处理及网络协议

东巴古籍网络信息处理系统的建立意义在于实现东巴古籍数字资源的共享，构建基于B/S架构的东巴古籍网络信息处理系统，对东巴古籍的网络数字资源进行检索、浏览，包括东巴古籍图片、东巴文与汉语翻译、古籍释读视频等。网络信息处理系统可以为用户提供三种检索方式，分别是关键词检索、多条件检索和XQuery查询语句检索，可较好地满足用户的多方面检索需求。

为了增强资源共享的效果，设计了基于Web服务的互操作网络协议。用户可以按照该协议，通过编写程序获取东巴古籍数据，实现与其他数字资源库之间的通信。还制定了基于OAI-PMH协议的东巴古籍数字资源的网络访问协议，为网络上元数据的互操作问题提供解决方案，用户获取数字资源可不再受系统平台、应用程序、学科领域等的限制。

通常的OAI-PMH协议只定义了关键词查询，提供了六个命令动词，其命令动词的参数少且简单。针对东巴古籍数字资源的特征，为了适应用户高效、准确的检索需求，对OAI-PMH协议的命令动词进行了扩展，如为使用户高效、精确地检索到所需的古籍记录，在OAI-PMH协议中增加了XQuery查询动词，明显增强了该协议的信息访问能力。通过扩展OAI-PMH协议返回的查询结果如图5所示。

```xml
<?xml version="1.0" encoding="UTF-8"?>
<OAI-PMH xmlns="http://www.openarchives.org/OAI/2.0/"
  xmlns:xsi="http://www.w3.org/2001/XMLSchema-instance"
  xsi:schemaLocation="http://www.openarchives.org/OAI/2.0/ http://www.openarchives.org/OAI/2.0/OAI-PMH.xsd">
  <responseDate>2017-03-24T07:35:53Z</responseDate>
  <request verb="ListIdentifiers" from=" " metadataPrefix="oai_dc" set=" "
    >http://localhost:8080/dongba-xml</request>
  <ListIdentifiers>
    <header>
      <identifier>8b6c703a81e44a7081ecc22d94148125</identifier>
      <title>祭天·远祖回归记/title>

<abstract>记叙纳西族祖先崇忍利恩与天女衬恒褒白相爱而上天成婚，婚后双双返回大地成家立业，在以后的日子里，他们又多次派遣使者上天，向天父、地母寻求如何能繁衍后代、如何使后代健康成长的神话故事。讲述了纳西族的由来及纳西族年年隆重“祭天”的缘由/
abstract>
    </header>
    <header>
      <identifier>da8ac664b5964a3bbb17a9130832b8d7</identifier>
      <title>祭天·奠酒/title>
      <abstract>记叙用酒祭奠天、地、柏三位神灵及各山神。表达先民对大自然的无限敬畏和企望与大自然永远和谐共处的心愿/
abstract>
    </header>
      ......
      ......
      ......
    <header>
      <identifier>29720ce600b44db4852742becb559f6d</identifier>
      <title>超度什罗仪式·厅罗昌咒语，头本/title>
      <abstract>是一本咒语，现只能按字读其音，不知其义/abstract>
    </header>
    <header>
      <identifier>f4d70a02df0641cd84fd79d24a3deced</identifier>
      <title>超度什罗仪式·厅罗昌咒语，中本/title>
      <abstract>是一本咒语，现只能按字读其音，不知其义/abstract>
    </header>
    <resumptionToken completeListSize="1372" cursor="0">p2XHKg</resumptionToken>
  </ListIdentifiers>
</OAI-PMH>
```


图5　通过扩展OAI-PMH协议返回的查询结果

5. 东巴古籍及其文化的学术资源信息挖掘与可视化

为了全面共享东巴古籍及其文化的学术研究成果，需要挖掘并展示与东巴古籍及其文化相关的网站、学术论文（覆盖知网）等主要资源信息，研究并提供主要资源信息的挖掘与展示方式。通过信息挖掘与加工、搜索引擎设计、网络信息互操作等方法，实现文献信息资源数据的系统化、网络化及可视化利用。

在网络信息挖掘中，在对东巴古籍及其文化的学术资源进行探寻与分析的基础上，基于Apache Nutch等工具获取网页信息，基于Lucene分类索引的方式实现统计结果的查询；在对学术论文信息的挖掘中，将PDF格式转换为文本，提取篇名、关键词、发表年份、发表期刊等信息，并进一步构建索引。在资源信息的检索中，所采用的是全文检索的方式，还针对本地论文添加了多域检索、高级检索等多种方式。

为了实现资源信息的可视化，在东巴古籍及其文化的资源信息检索的基础上，建立一个多功能的东巴古籍及其文化的资源信息检索及展示系统。该系统能够针对检索到的期刊资源展现出多方面的统计数据，包括作者统计、地域统计、相关学者统计、热点统计等。

（四）东巴古籍的数字化国际共享平台应用

共享平台信息利用方式如图6所示。

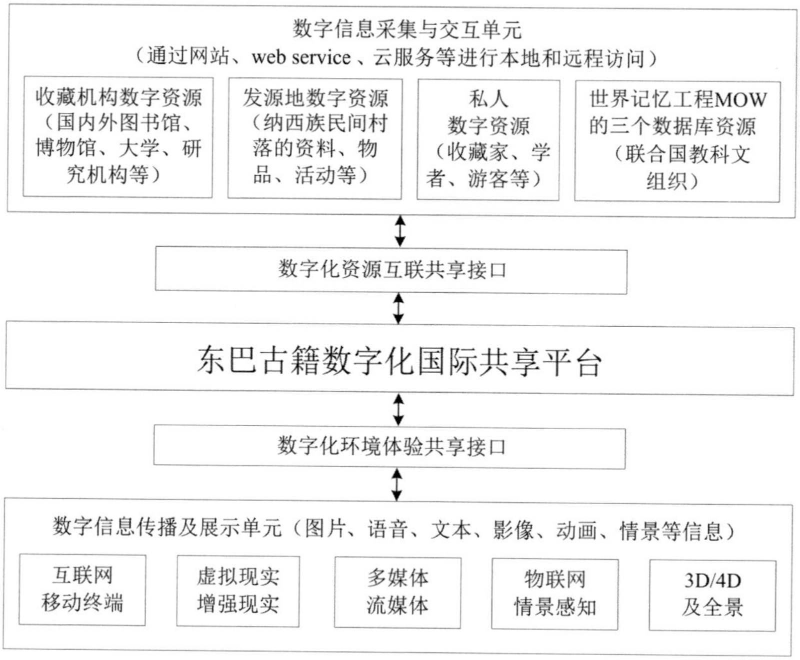

图6 东巴古籍数字化国际共享平台的利用方式

1. 数字信息采集与交互单元

东巴古籍数字化国际共享平台通过数字化资源互联共享接口和数字信息采集与交互单元进行连接，以实现东巴古籍的数字化资源（包括本地数字资源、异地数字资源和远程数字资源）的互联与汇集。

利用共享平台获取、交互的数字化资源包括东巴古籍收藏、研究、保护机构和收藏人的数字资源，东巴文化的数字资源，联合国教科文组织世界记忆工程数据库的有关资源等。

采用非接触式激光古籍数字化扫描仪、专业数码照相机、数字摄像机等进行数字化信息采集；共享平台具有本地访问和基于HTTP协议的远程访问方式，能够通过网站、web service、云服务等进行资源访问，通过元数据进行数据查询并返回编目信息与多媒体（声、图、文、像）内容。

2. 数字信息传播及展示单元

东巴古籍数字化国际共享平台通过数字化环境体验共享接口与数字信息传播及展示单元进行连接。数字信息传播及展示单元的内置系统包括数字可视化信息展示系统、国际共享平台交互环境、数字化远程网络体验系统等。

传播与展示的信息类型包括图片、语音、文本、影像、动画、情景等，如动态展示东巴逐字逐句释读、吟诵古籍的影像及音频信息。

传播、展示的环境包括万维网、无线移动通信终端、虚拟现实（VR）和增强现实（AR）、多媒体与流媒体、物联网现场情景感知等。

3. 数字化资源互联共享接口

该接口实现了国际共享平台与国内外收藏机构及收藏人士之间的有线、无线等多种通信方式的本地及远程互联，在联合国教科文组织的帮助下建立了国际共享平台与联合国教科文组织的世界记忆工程三个数据库（失去的记忆、濒危的记忆、目前的活动）的联接方式。

4. 数字化环境体验共享接口

该接口能够实现国际共享平台与数字信息传播及展示单元之间的本地及远程互联；实现东巴古籍，以及其象形文字的图形、读音及释读内容的全方位数字信息的体验及利用；提供了东巴古籍及其象形文字的形、音、义信息的传播及展示。通过提供的展示方式及体验环境，人们可以了解并感受纳西族东巴文化的藏本、展品、景观、服装、活动、仪式、情景等。

5. 东巴古籍及其文化场景的虚拟展示与重建

一些东巴古籍及其文化承载着传颂的历史事件和故事，为了展现已消失的相关场景，以东巴古籍的数字媒体表现为目标，提供了基于共享平台的2D、3D等虚拟场景建模及可视化展示技术，提出了一种基于共享平台网络传播的虚拟现实、增强现实的展现方式，设计了纳西族村寨、历史人物及历史故事的展示与漫游的示范模板，研究建立了基于OpenGL ES移动平台的东巴古籍及其文化的虚拟博物馆，以及基于Unity3D的东巴古籍及其文化的虚拟艺术馆等共享平台虚拟展示环境。

三、研究思路

本项目研究涉及大跨度多学科研究，期望通过多学科交叉的方式研究构建数字化、网络化国际共享平台，以现代信息技术为手段进行东巴象形文字及经典的数字化信息采集、整理、提炼，为实现东巴经典这一“世界记忆遗产”的抢救、传承与传播提供及时而有效的途径。

项目研究提供了一种基于数字信息网络平台的东巴文化遗产信息国际共享途径，并以现代数字网络化技术为支撑，以构建东巴象形文字数字信息网络平台为载体。研究基于该平台的象形文字数字化信息获取、记录、存储及传播的方式，为实现濒危的东巴文化的保存和传承提供了条件和基础。

研究建立一个可以实现世界范围内的纳西学研究者共享的开放式柔性网络数据库，使之具有能够在世界上任意的数字终端被直接调取并使用的功能，具备便于随时植入、高效检索海量信息的知识挖掘工具及知识库的技术支撑。各国研究者及相关人员可随时在其论坛上发表研究成果并对研究成果与心得进行互动讨论，有利于东巴文化遗产的交流、研究与国际化。

本项目拟由处于断代状态的东巴传承人提供可传承的东巴古籍资料及相关多媒体信息，使东巴世家重新拥有已丧失的东巴经典，让这些濒临失传的经典资料恢复其原来的自然传承方式与活力。在少数东巴目前还在世的情况下，尽快实现东巴古籍的抢救性释读、翻译及编目的整理完成。

探索出科学而有效的古籍数字信息（声音、图片、影像等）的数据采集（或多信息共轨采集）、编目与检索方法，有利于及时汇总并有效地利用全世界东巴古籍的优秀藏本，为各国研究者进行深入的研究保存一份内容丰富的数字化东巴学术档案，为后人全面了解东巴文化的价值提供数字化信息资源，为东巴经典的共享与传承提供手段。

项目研究还能够提供东巴经典文化遗产的数字、网络传播手段，有利于研究建立东巴文化平台网站及提供多类终端利用方法，研讨相关的虚拟现实、无线网络等现代传播方式。其具体项目研究结构与工作思路如图7所示。

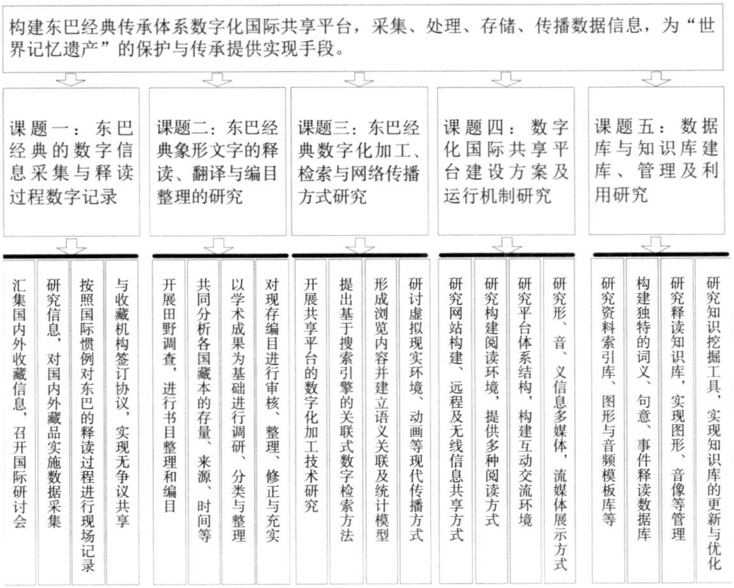

图7 课题研究结构与工作思路

四、研究路线

基于本项目提出的研究思路与创新观点，设计并安排了五个子课题开展项目研究。其具体路线与整体研究结构如图8所示。

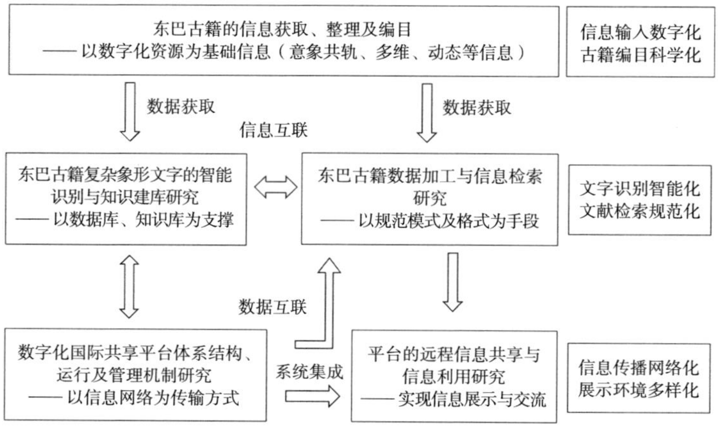

图8 研究路线与整体研究结构

研究路线一：

完成东巴古籍的信息获取、释读整理与编目工作，通过研究东巴古籍的信息获取、释读及国际化共享机制，提出不同地域的象形文字的释读方法及东巴古籍数字化编目方式，如图9所示。

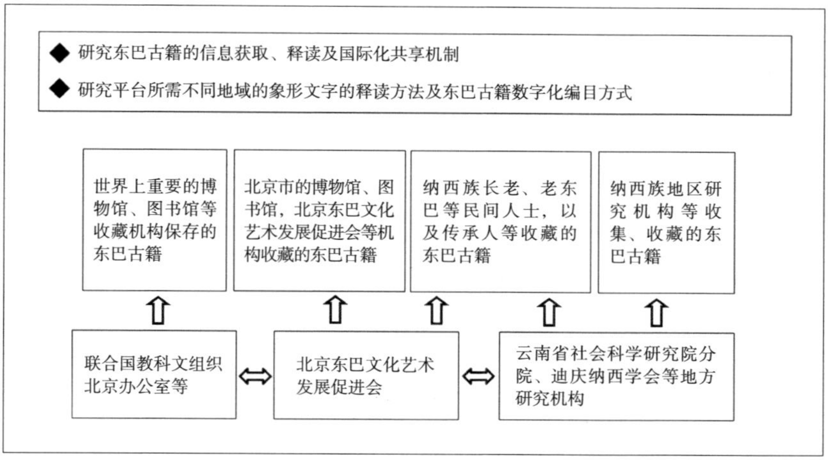

图9　研究路线一：“世界记忆遗产”纳西族东巴经典文化的信息获取、释读、整理及编目

研究路线二：

完成东巴古籍的数字化加工、检索与网络化传播方式，对东巴文化的文史资料及历史研究成果进行分析研究，并进行整理、分类、编目与检索，如图10所示。

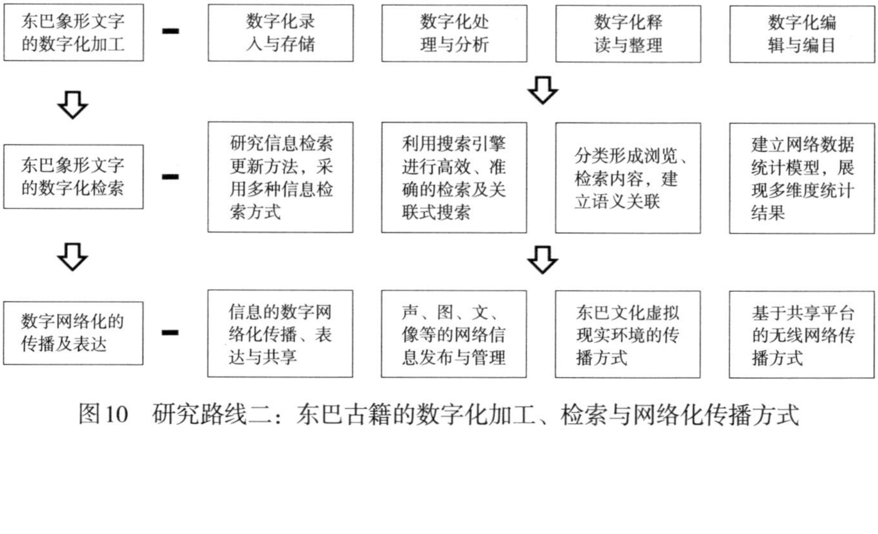

图10　研究路线二：东巴古籍的数字化加工、检索与网络化传播方式

研究路线三：

完成东巴经典数字化国际共享平台的建设，提供数字化国际共享平台的各功能模块子系统，并提供其实际运行方式，如图11所示。

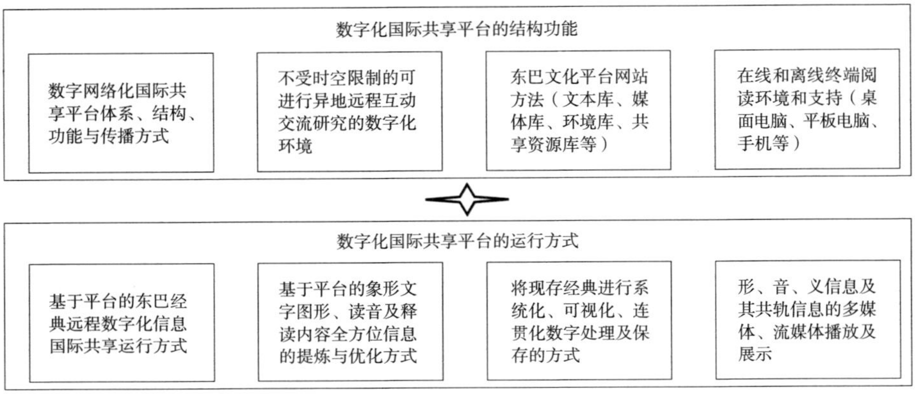

图11　研究路线三：东巴经典数字化国际共享平台建设方案及运行机制

研究路线四：

完成面向东巴象形文字的管理与利用研究工作，通过建立东巴经典的数据库与知识库，提供东巴象形文字的图形识别、语音辨识、内容释读，形、音、义共轨分析等研究方法，如图12所示。

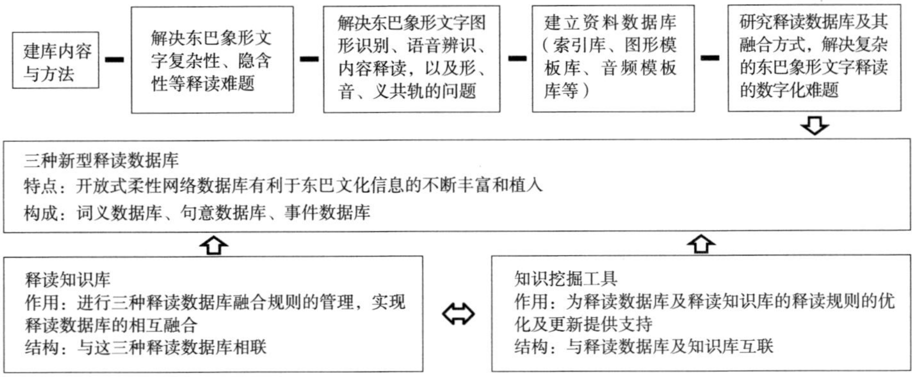

图12　研究路线四：面向东巴象形文字的管理及利用的研究

第一章　东巴古籍及东巴文化的调研

一、学术构想与整体方案设计

鉴于东巴古籍及其承载的纳西文化具有世界价值及独特魅力，且处于濒危状态，已有越来越多的国内外学者热衷于对其进行探索及深入研究。纳西东巴经典文化资源需要被进行高效、高质量的传承与共享，因此要构建面向东巴经典的数字化国际共享平台。对此，应该创造不受时空限制进行异地远程信息获取、处理、存储、共享、传播的数字化环境，以便与世界上具有代表性的收藏机构及收藏人士进行信息交流。对面向东巴古籍及象形文字的数字化国际共享信息平台构建的具体研究路径阐述如下：

1. 提出东巴古籍数字化信息国际共享的方式。与联合国教科文组织，国内外相关的博物馆、图书馆、大学、研究院所、学者、收藏人士等合作，确定能够采集、汇集及共享来自国内外的具有代表性的东巴古籍数字化信息的途径。

2. 调研、汇集、分析与整理东巴古籍的数字化信息。一方面，在国内的纳西族聚集地开展东巴古籍的田野收集及数字化信息采集；另一方面，在国外具有代表性的东巴古籍收藏地开展调研，并与当地相关机构合作进行数字化信息采集，及时将重要的数字化东巴古籍藏本送请老东巴释读并摄录释读全过程，进而整理释读内容（包括纳西语，国际音标，汉语直译、意译等），进行数字化编目。

3. 提出东巴古籍数字化信息的加工、处理方法，建立基于学术资源及网络数据的统计模型，以展现对东巴文化研究现状的多维度实时统计和分析结果；依据文化史研究体系，进行数字体系分类与分层；确定东巴古籍元数据标准及规范，开发接口共享协议；建立数字资料之间的深度语义关联，设计语义标注系统，并将标注系统与原始材料关联起来；提供数字化检索方式，如单关键词检索、组合关键词检索、多媒体示例检索、精确检索与模糊检索等；建立数据资料索引库，提供多种信息检索、信息更新及信息统计方法。

4. 提供数字网络化国际共享信息平台建设方案，建立基于国际共享平台的标准接口，提出声、图、文、像及其共轨信息的发布与管理方式，形成可供浏览、检索的网站内容；提出可远程进行学术研究与交流的联机交互方式、展示方法、体验环境、阅读方式，以及信息采集、发布、传播与管理方法。

5. 提出面向东巴古籍象形文字的数字化释读方法，针对东巴象形文字的特点及难点提出东巴象形文字复杂图像信息的识别方法；提供面向东巴象形文字及其元数据规范的释读数据库、知识库，知识挖掘工具等，提供东巴象形文字数字化释读手段及编码方式，构建可升级、可扩展的信息库。

6. 确定东巴古籍数字化信息共享的机制与规则，以有利于东巴文化遗产的交流、普及与国际化。提出使东巴遗产数字化信息在世界遗产传播、科学考证等学术研究中成为国际共享资源的途径与机制，并根据知识产权规则确定国际共守规则、分级信息共享规则等。

东巴古籍数字化国际共享信息平台主要由三部分构成：东巴古籍象形文字释读系统、东巴古籍文献档案系统、东巴古籍信息管理系统。

该平台针对东巴古籍象形文字，有助于实现图形识别、语音辨识、内容释读的处理方法，有助于解决形、音、义共轨信息的处理难题，有助于将存于世界上具有代表性的图书馆、博物馆等机构及个人收藏的东巴古籍进行较大程度的数字化获取及共享。

东巴古籍数字化国际共享平台的架构如图1-1所示。

对东巴古籍数字化国际共享平台构成的进一步描述如下：

（一）东巴古籍象形文字释读系统

针对东巴古籍象形文字的特点及难点，提出东巴象形文字复杂图像信息的识别方法；提供面向东巴象形文字及其元数据规范的释读模板库、释读数据库、释读知识库等。

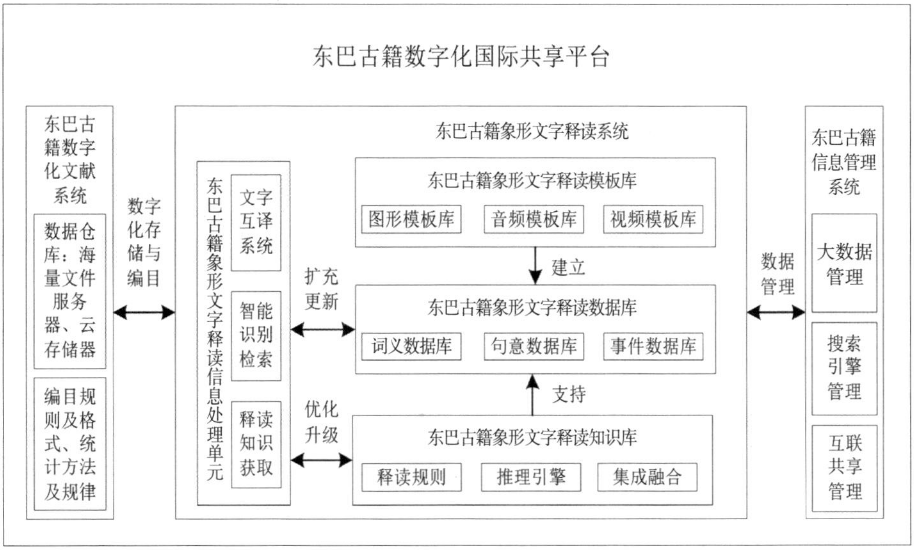

图1-1　东巴古籍数字化国际共享平台的架构

释读模板库：用于数字化获得、处理图形代码、音频代码、视频代码、时空代码、环境代码、特征代码等，以适应图形、语音、内容的释读，以及形、音、义共轨释读，分类存储并输出所需的文学、社会学、人类学、历史学、艺术学、宗教学、自然科学等相关信息。

释读数据库：由词义数据库（字、词）、句意数据库（行为及事物）和事件数据库（历史及事件）构成，能按规则集成并融合，以释读一些字、词、句隐含的故事、事件、传说等内容，包含词义编码，句意编码，事件名称代码，对应的汉语、英文等信息。

释读知识库：以知识专家系统为核心，与释读数据库相联，对其中的词义数据库、句意数据库、事件数据库进行管理与协同，为三种释读数据库间的信息融合提供智能支持。

释读信息处理单元：与释读数据库及释读知识库关联；利用知识挖掘工具对异形或残缺的文字进行模糊识别，实现多种环境、多种信息类型的自适应信息归类、存储与检索；对释读数据库、释读知识库的知识内容及规则进行优化与升级。

（二）东巴古籍文献归档系统

该系统面向东巴古籍的文献档案，采用数据仓库进行文献档案的存储。如图1–2所示，该数据仓库能够进行数据集成和计算，根据数字化编目规则及格式、统计方法及规律，在数字化文献编目的基础上进行数字化文献检索、分类与整理。

在线编目及检索涉及的元数据包括图片、音像、读音（语言及方言）、作者、释文（释读人）、来源（收藏机构及收藏人）、研究机构、出版机构、年代、属地、摘要、存量、学者信息、研究文献、重要说明等主要信息。

实时统计及分析的学术资源元数据包括国内外资料分布、研究者分布、分年度出版物数量统计、分领域出版物数量统计、文献引用情况统计、研究者兴趣追踪、研究热点、研究动态等。

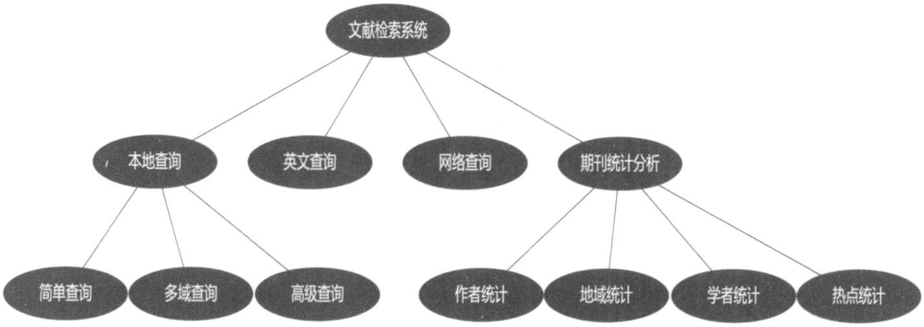

图 1-2　文献检索结构

二、东巴古籍及东巴文化调研工作情况

（一）东巴古籍及东巴文化的调研情况概述

为了更好地开展项目研究工作，项目组组织开展了有关东巴古籍保护和共享平台建设的调研工作。主要调研内容包括东巴古籍收藏数量及分布调查，东巴古籍和东巴文化研究的历史资料调查，东巴文化保护、传承情况，东巴文化生存现状调查等。主要调研方法和手段包括赴国内外数十家图书馆、博物馆等东巴古籍收藏机构实地调查东巴古籍收藏数量、学术价值、保存状况、来源渠道，以何种渠道流传出国（国外馆藏），何时收藏、何人收藏，数字化采集的可能性等信息；深入十余个纳西族聚集地区（多为偏远的山村）以走村串户（重点是走访当地的东巴）的方式进行田野调查，了解东巴文化的保护、传承情况和生存现状，调查东巴古籍的民间收藏情况，以及在世的能够准确释读东巴古籍的东巴的人数、年龄、身体状况等；走访与纳西族文化有关的研究机构、官方与民间的东巴文化保护组织及传承点等，了解东巴古籍和东巴文化保护、研究工作的政策、措施和开展情况，东巴古籍的收藏信息及其他相关情况；利用互联网，各种学术资源网，图书馆、博物馆、大学的网站等收集与东巴古籍和东巴文化研究

相关的研究成果、发表的论著及其他相关信息。对调研中获得的信息、数据进行深入的分析、整理，总结出相关结论并提出若干可以进一步讨论的观点。

（二）东巴古籍收藏数量及分布调查

经过近年来的深入调研，新发现了一批被收藏的东巴古籍，使得已确认的东巴古籍的现存数量有所提高，达34100余册。其中，中国收藏20500余册（不含个人收藏），外国收藏13600余册，这一结果不同于“目前东巴古籍大多流传海外”的较普遍的认知。另外，待进一步确认的古籍存量为3000—5000册。

东巴古籍被分散收藏于十多个国家的40余家收藏机构，包括中国丽江、迪庆、昆明、北京、南京、台湾等地区的20家收藏机构，英国国家图书馆、英国曼彻斯特大学图书馆，法国国家图书馆、法国巴黎语言文化大学、法国远东学院、法国吉美特博物馆、法国原始文化博物馆，美国国会图书馆、美国哈佛大学燕京学社图书馆，德国国家图书馆，瑞典国家世界文化博物馆等国外的20余家收藏机构。

根据调研结果，国内外东巴古籍最新的分布情况（收藏地点及数量）如图1-3、图1-4所示，项目组赴云南省香格里拉县三坝乡进行田野调查的情况如图1-5所示，项目组成员赴德国国家图书馆调查东巴古籍收藏情况如图1-6所示。

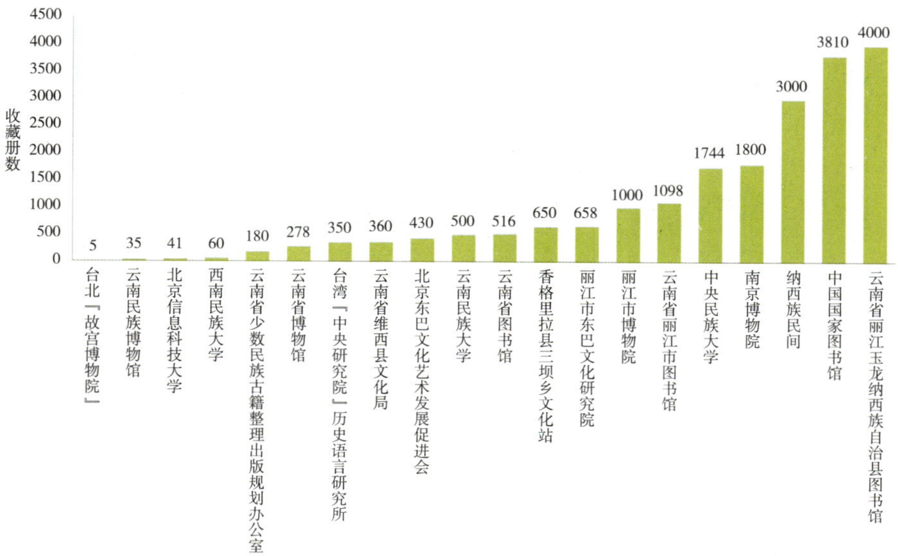

图 1-3　中国东巴古籍收藏地点及数量

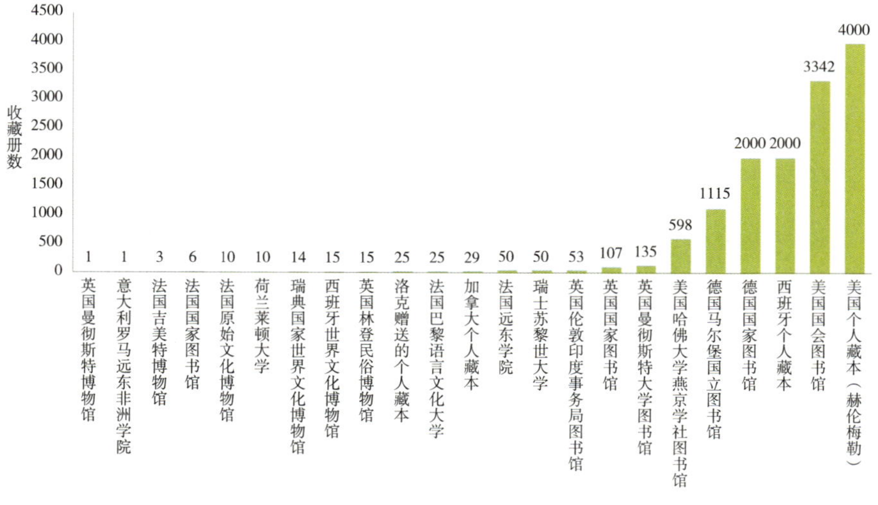

图 1-4　国外东巴古籍收藏地点及数量

图1–5 赴云南省香格里拉县三坝乡进行田野调查

图1–6 赴德国国家图书馆调查东巴古籍收藏情况

（三）东巴文化研究的历史和现状调查

鉴于东巴古籍和东巴文化在语言文字、社会、历史、文化、民族、宗教等方面的多重价值，一个多世纪以来，它吸引了十余个国家（中国、法国、英国、美国、俄罗斯、德国、挪威、意大利、瑞典、西班牙、加拿大、日本、瑞士、波兰等）的众多专家、学者对其进行收集和研究，并发表了大量的论著。

在国外，1867年，法国传教士德斯古丁斯（Pere Desgodins）最早将东巴古籍《高乐趣招魂》的摹写本带回巴黎，使得东巴古籍首次流传海外。1885年，法国人拉卡帕里尔（Rerrien De–Lacouperie）发表了《西藏境内及周围的文字起源》一文，最早将东巴文字公诸西方世界。1907年和1909年，法国学者雅克·巴库（J. Bacot）两次来到中国丽江地区收集东巴古籍，并根据他所见到的370多个东巴象形文字，于1913年撰写并出版了《么些研究》（Les Moso）这部被公认为是国外首部关于东巴象形文字的研究的专著。20世纪三四十年代，在丽江地区生活了十余年的俄罗斯作家顾彼得（Peter Goullart，其当时的身份为抗日战争期间国际救援组织在丽江地区的代表）感动于纳西族文化的魅力，撰写并出版了描述该文化的专著《被遗忘的王国》。1965年，英国学者杰克逊（Jackson）发表了东巴文化研究专著《纳西宗教》。日本的国际知名语言学家、藏缅语专家西田龙雄（Nishida Tatsuo）教授于1964年出版了专著《活着的象形文字——纳西族文化》。另外，伊藤清司、諏访哲郎、君岛久子、山田胜美等日本学者也在纳西文化乃至东巴经典及东巴象形文字的研究领域成绩斐然。美国哈佛大学是东巴古籍收藏及研究成果颇丰的著名大学，2010年出版了《哈佛燕京学社藏纳西东巴经书》等著作。美国总统西奥多·罗斯福的长孙昆亭·罗斯福（Quentin Rooseveldt）于1944年来到中国纳西族聚集地区收集到1800余册东巴古籍和其他大量的东巴文化文物，这些古籍和文物于2011年在于美国纽约鲁宾艺术博物馆举办的纳西东巴文化物品展览会中展出，他同时还主持召开了国际纳西学学术讨论会。当代国际著名民族学学者、瑞士苏黎世大学民族学博物馆馆长奥皮茨（Michael Oppitz）教授和瑞士学者伊丽莎白·许（Elisabeth Hsh）于1998年撰写并出版了《纳西、摩梭民族志——亲属制、仪式、象形文字》，又在1999年在于我国丽江市召开的第二届国际东巴文化学术讨论会上呼吁在全世界范围内形成东巴古籍的共享联合体。

在本研究领域最具代表性的国外学者是美籍奥地利学者约瑟夫·洛克（Joseph Rock）。这位夏威夷大学的植物学家原本来中国西南地区考察植物并采集标本，却对东巴古籍和东巴象形文字情有独钟，进而改变计划，在1922—1949年期间长期居住于中国纳西族聚集的地区收集了上万册东巴古籍，拍摄了大量的反映当时纳西族文化的照片，后捐赠或出售给世界上多个博物馆、图书馆，并耗尽毕生精力对其进行了系统性研究，撰写并出版了《中国西南的古纳西王国》、《纳西语—英语百科辞典》（上、下册）等十余部关于东巴古籍和东巴文化的研究的著作。晚年的洛克孤身一人，疾病缠身，仍魂牵梦绕于丽江山水及其所孕育的文化：“我宁愿死在丽江美丽的群山之间，也不愿在美国的病床上孤独地死去。”

在国内，虽然早在元、明、清时期就有中原人对纳西族文化做过考略，但东巴古籍一直未得到关注。在现代意义上对东巴古籍和东巴文化的科学研究大致始于20世纪20年代。20世纪30年代，毕业于北京师范大学的方国瑜先生（纳西族）在刘半农、章太炎等文化大师的鼓励下，放弃了中央研究院历史语言研究所的舒适工作回到丽江，以“敢为天下先”的勇气率先从事东巴象形文字，以及纳西族等西南地区少数民族文化的研究工作，先后撰写并出版了《纳西象形文字谱》《方国瑜文集》等著作，被誉为“研究纳西族历史文化和东巴象形文字的先导”。台北“故宫博物院”原副院长李霖灿先生也为东巴象形文字的研究做出过巨大的贡献。这位当年的杭州美专的学生在抗日战争全面爆发之后徒步撤退到西南后方，被偶见的东巴图画象形文字的美学价值吸引，并被其深邃的文化价值感动，在极其艰苦的条件下开始潜心研究东巴古籍和东巴象形文字，写下了《么些象形文字字典》《么些经典译注九种》《么些研究论文集》《纳西族象形标音文字字典》等经典著作。作为本项目合作单位的丽江市东巴文化研究院，曾历时十余年，于1999年出版了《纳西东巴古籍译注全集（100卷）》，成为我国申报世界记忆遗产“纳西东巴古籍”的基础材料。现今，众多的当代专家、学者，例如本项目成员白庚胜（纳西族）、杨福泉（纳西族）、李国文、和力民（纳西族）、杨正文（已故，纳西族）等，以及和志武、戈阿干、王元鹿、喻遂生等已有大量的研究成果问世。

项目组最新调查研究结果表明了东巴古籍来源地国家（中国）的有关纳西东巴文化研究文献的数量（共计10189篇）及数量增长情况、外国有关纳西东巴文化研究文献的数量（共计407篇）及数量增长情况，如图1-7、图1-8所示。

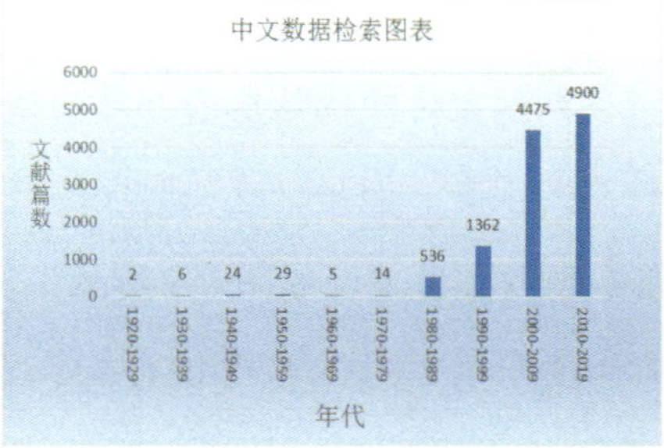

图1-7　中国东巴文化研究文献数量及数量增长情况

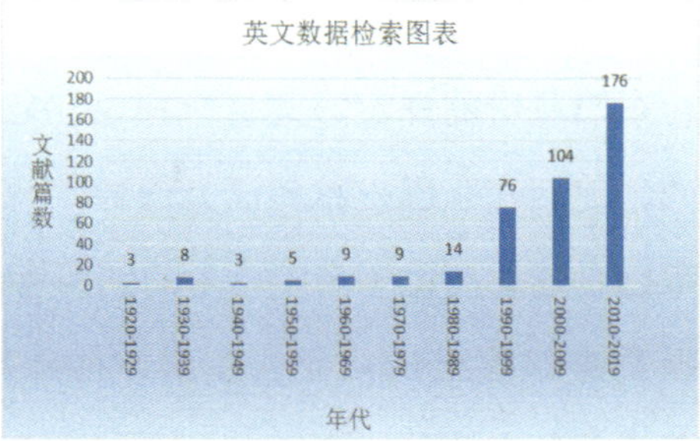

图1-8　外国东巴文化研究文献数量及数量增长情况

（四）东巴文化保护工作和生存状态调查

一个世纪以来，在现代文明的冲击下，纳西族聚集地区的纳西社会结构、纳西人民的生产和生活方式等均发生了巨大的变化，传统的东巴文化也逐渐衰落。20世纪六七十年代，东巴文化的保护、传承和研究工作几乎处于中断状态。从20世纪80年代开始，随着我国对民族文化遗产保护工作的加强，对纳西族文化的保护和研究力度不断强化：1985年，我国加入了联合国《世界文化和自然遗产保护公约》；1997年，纳西族聚集地丽江古城入选“世界文化遗产”；1999年，丽江举办了“国际东巴文化艺术节暨国际东巴文化艺术学术研讨会”，并成立了国际纳西学学会；2001年，丽江恢复了历史上每年农历正月初五举办的东巴法会；2003年，“纳西东巴古籍”入选“世界记忆遗产”；2012年起，丽江的有关东巴文化保护机构开始进行“东巴”称号评定工作。近10年来，纳西族还设立了多个传统文化保护地和传承点。这些措施都对抢救、保护纳西族文化起到了重要的作用。

由于东巴是东巴文化的主要传承者和东巴古籍的释读者，东巴的现状尤其值得关注。根据历史及现状，可以将东巴身份及地位的确定分为两个时段：

第一个时段是2011年之前。在这一时间段，未有专门的评定机构进行东巴身份的评定，其身份和地位是通过长期的家传或师传形成并被公认的，他们在东巴古籍释读方面通常具有较高的水准。但是，这一时段的老东巴已陆续离世（卒年可考的纳西族著名东巴的去世情况如图1–9所示）。据调查，截至2017年，在世并能够准确释读东巴古籍的东巴仅有10人，其年龄分布情况如图1–10所示。

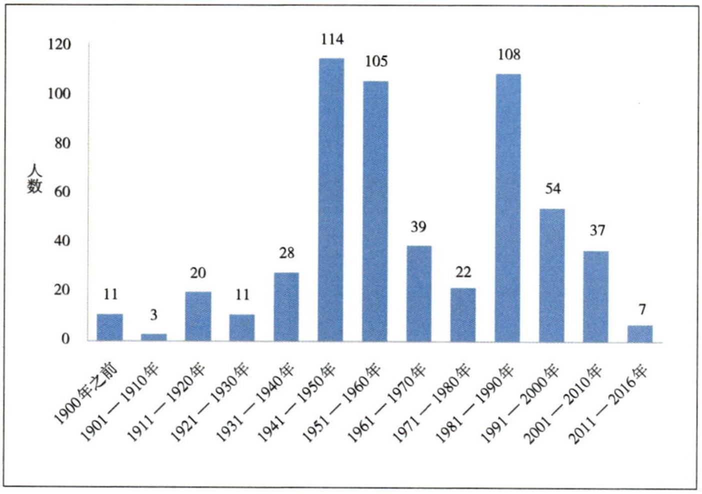

图1–9　卒年可考的纳西族著名东巴的去世情况

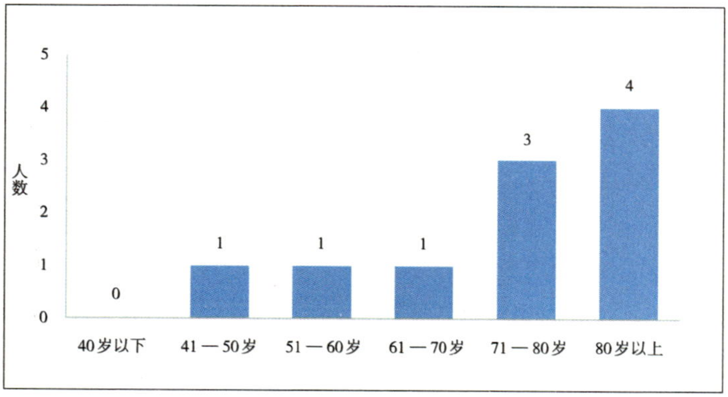

图1–10　目前能够释读东巴古籍的东巴的年龄构成情况

第二个时段是2011年之后。在这一时间段，由地方专门评定机构（云南省东巴文化保护与传承协会、丽江市纳西东巴文化传承协会）组织实施评定，经评定的东巴（2012年、2016年）由玉龙纳西族自治县政府颁发证书并发放津贴。截至2017年，已认定的两批东巴包括东巴大法师11名、东巴法师62名，此外，还有东巴文化传承员100名。

至今，以新评出的东巴数据为基础，根据实际调研情况，年龄可考的在世的纳西族东巴（含传承员）共计203名（包含纳西族摩梭人的"达巴"，其作用、地位与东巴相同），其地域和年龄分布情况分别如图1–11、图1–12所示。

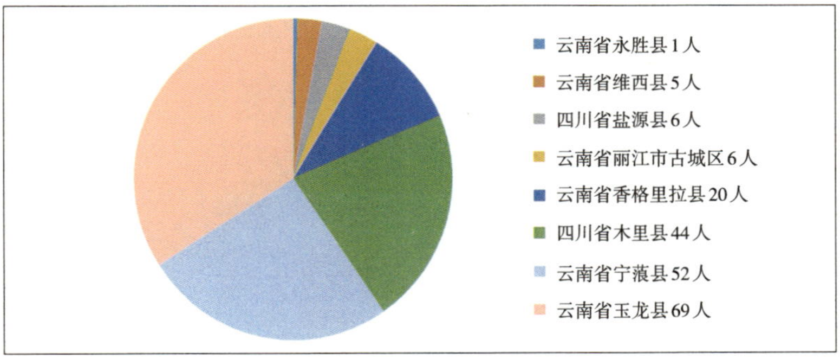

图1–11　在世纳西族东巴的地域分布及人数情况（共203名）

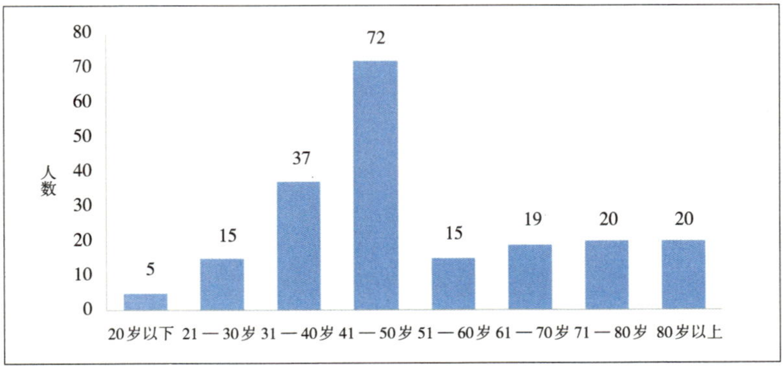

图1–12　年龄可考的在世纳西族东巴（含传承员）的年龄分布情况（共203名）

从最新的统计数据看，一批新的东巴文化传承人正在成长。他们有的擅长东巴舞，有的擅长主持祭祀仪式及法事仪式，有的擅长作画、造纸、雕刻、剪纸、编扎、裱糊、捏塑、制作法器和道具等，但是其中擅长释读东巴古籍的东巴很少。体现东巴文化精髓的东巴古籍的释读基本上仍由上述第一时段的东巴承担，但由于前面提到的那些原因，东巴古籍的传承未能摆脱濒危状况。

经过调查统计，百年来累计的东巴共1034名，其地域分布及现存人数的对比情况如图1–13所示，图中红色数据表示所在地域百年来（截至2011年）累计的东巴人数，蓝色数据表示该地域现存的东巴人数（2016年的统计数据，多数为2012年以后新评定的东巴，含东巴文化传承员）。图中数据反映了不同纳西族聚集地域东巴文化的发达程度，同时也反映了该地域传统东巴文化的传承和衰落状况。

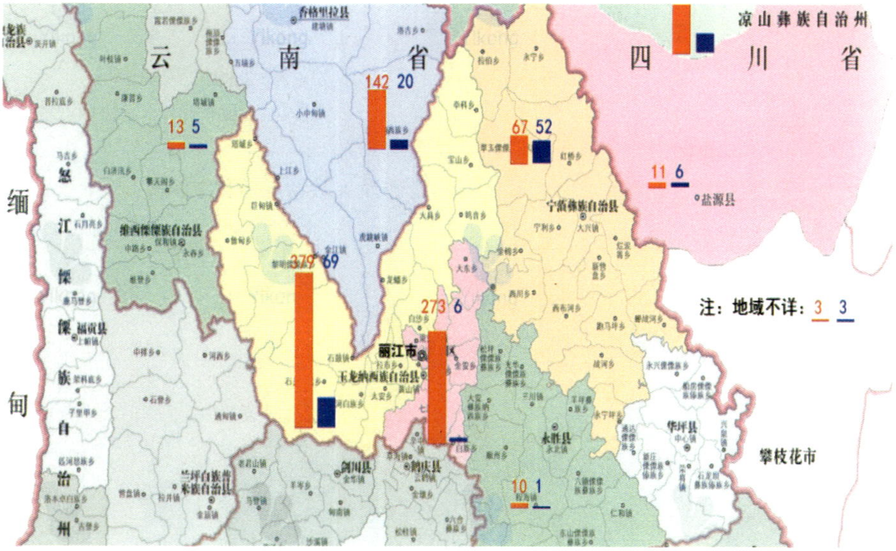

图1–13 百年来累计的东巴的地域分布及现存人数的对比情况

三、基于调研数据的若干分析与思考

1. 在交通不便、经济欠发达的地区（例如四川省木里县、盐源县，云南省宁蒗县等），传统东巴文化的传承情况相对较好，但总体权重较小；在交通较为便利、经济相对发达的地区（例如云南省丽江市古城区、玉龙纳西族自治县等），传统东巴文化呈现出明显的衰落趋势，并且总体权重较大；在距离纳西族主要聚居区较远的地区，传统东巴文化目前已经基本自然消亡，其重心已由较为发达的云南省丽江市及周边地区转移到较偏远的滇、川交界处的山区。

2. 一个多世纪以来，在现代文明的冲击下，传统的东巴文化逐渐衰落。尽管近年来相关部门不断加强对东巴文化的保护，但纳西族文化的传承取决于纳西族的文化自觉和群体意识。在纳西族的社会结构、纳西人民的生产和生活方式已经发生了巨大变化的今天，传统的东巴文化很难以不变的方式长期延续下去。

3. 随着传统东巴文化的逐渐衰落，东巴古籍中所描述的纳西族社会文化的许多方面已经逐渐成为历史，能够准确释读东巴古籍的东巴人数持续减少。这种严峻的局面难以得到根本性的转变。随着时代的发展，仅在东巴家族内部以口传心授的方式释读东巴古籍和传承东巴文化的方式愈加难以为继。

4. 东巴古籍的收藏高度分散，并且大多数收藏机构缺乏研究力量和彼此的沟通，也使大量的东巴古籍的内容和价值不为世人甚至收藏者所知，成为“沉睡的宝藏”。

5. 由于历史的原因，东巴古籍大量流传海外，且都是书写和收藏年代更早、更具史料价值者。所幸的是这些古籍大多得到了良好的保存，为我们今天的采集和研读提供了可能。

6. 近30年来，关于东巴古籍和东巴文化研究的论著的发表数量持续快速增长，其中，2010年以来国内相关论著的发表数量就高达3900余篇/部，研究中心终于回归母国。这些数据足以表明东巴古籍及东巴文化的价值，展现了我国在东巴文化研究与保护方面取得的显著成绩，同时也彰显了建立“国际共享平台”的价值。

7. 目前仅调查到能够准确释读东巴古籍的东巴10人，并且他们大多年老体衰，出现了明显的断层。纳西东巴古籍这一世界记忆遗产已属正在急剧老化、损毁、消失的人类记忆遗产，东巴文字面临着走向死亡的残酷现实。

第二章　东巴古籍及相关资料采集、翻译、释读与编目

一、东巴古籍的数字化采集

项目组在深入调研东巴古籍的国内外收藏分布情况的基础上，通过广泛的国际、国内合作，大规模数字化采集（利用数码照相等方式记录纸质文献并形成适合计算机存储的文件）被分散收藏于国内外的东巴古籍，采集了国外11家、国内10家收藏机构的东巴古籍共计3378册（其中，于国外采集了1229册），包括选择全部内容的全本采集东巴古籍2110册，选择部分内容的非全本采集东巴古籍1268册。数字化东巴古籍的来源及数量情况如表2–1所示。

表2–1　数字化采集东巴古籍明细

序号	收藏机构名称	数字化采集数量（册）		合计
		全本采集（册）	非全本采集（册）	
1	英国国家图书馆	81	26	107
2	英国曼彻斯特大学图书馆	135	—	135
3	法国国家图书馆	5	—	5
4	法国巴黎语言文化大学	14	8	22

续表

序号	收藏机构名称	数字化采集数量（册）		合计
		全本采集（册）	非全本采集（册）	
5	法国远东学院	1	—	1
6	法国吉美特博物馆	3	—	3
7	美国哈佛大学燕京学社图书馆	598	—	598
8	美国国会图书馆	1	188	189
9	德国国家图书馆	1	143	144
10	瑞典国家世界文化博物馆	23	—	23
11	西班牙世界文化博物馆	2	—	2
12	丽江市东巴文化研究院	897	—	897
13	中国国家图书馆	1	—	1
14	北京东巴文化艺术发展促进会	76	36	112
15	丽江市博物院	5	—	5
16	中央民族大学	1	—	1
17	台湾“中央研究院”历史语言研究所	262	—	262
18	云南省丽江玉龙纳西族自治县图书馆	3	—	3
19	香格里拉县三坝乡文化站	1	226	227
20	南京博物院	—	600	600
21	北京信息科技大学	—	41	41
合计		2110	1268	3378

由于版权等问题，数字化采集（特别是无偿采集）国外所收藏的东巴

古籍困难重重，往往要经过艰苦的沟通与商谈。例如在英国国家图书馆采集其收藏的东巴古籍时，经过多次会谈，馆方深刻了解了抢救性释读和翻译东巴古籍的紧迫性，终于同意数字化采集其馆藏的东巴古籍，所拍摄的数字资料也无偿提供给项目组开展研究。历经连续几日的艰难磋商，项目组最终成功获得了大部分馆藏数字版东巴古籍。在英国国家图书馆进行东巴古籍采集商谈和东巴古籍数字化采集情况如图2-1所示。

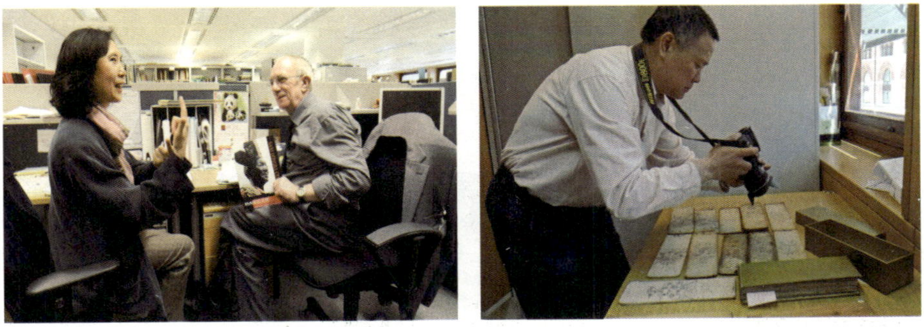

图2-1　在英国国家图书馆进行东巴古籍采集商谈和东巴古籍数字化采集

在对英国国家图书馆的东巴古籍馆藏情况进行调研后再进行整理分类和研究，证实其图书馆共收藏有107册古籍藏本。它们基本都装订精美，被进行过特殊的修复。英国国家图书馆古籍藏本的保存方式很独特：每一本古籍的原始手工缝制的装订线都被细心地拆除，每本古籍的每个页面都完全展开。尽管改变了古籍线装的原始样式，但由于没有了装订线的限制，经书页面可以完全展平，有利于古籍研究者的翻阅，更便于数字化翻拍和扫描。这显然是一种长久保护古籍手稿的思路，值得借鉴。

在采集英国曼彻斯特大学图书馆的东巴古籍藏品时，馆方心存顾虑并试探性地了解我们对该图书馆收藏东巴古籍所持有的态度。近年来一些中国商人曾出重金收购遗散在海外的中国文物，增加了项目组无偿采集的难度。对此，项目组在诚恳告知馆方只想让古籍内容以数字化形式回归祖国，而不是让文物本身回归祖国的情况下，还表明了在抢救性地释读这些古籍后，将在国际共享平台上全球性地分享这些成果的态度，并且专门为该图书馆放映了项目组摄制的关于抢救东巴古籍的纪录片。馆方为东巴文化的历史及其在当今所面临的危机所触动，终于同意项目组无偿数字化采集该馆所藏全部的135册东巴古籍，并签署了相关版权协议，保证采集的古籍只用于学术研究。与曼彻斯特大学图书馆手稿馆馆长交流并放映关于东巴文化保护的纪录片《唤醒沉睡的经典》的情景如图2–2所示。有关纳西族地区东巴古籍的田野调研与资料收集情况可参见附录1。

图2–2 与曼彻斯特大学图书馆手稿馆馆长交流并放映关于东巴文化保护的纪录片

二、对数字化回归的东巴古籍及相关文献的整理与分析

大规模数字化采集被分散收藏于世界各地的东巴古籍实现了对其数字化永久保存，同时也使得大批珍贵的流传海外的东巴古籍（数字版）回归祖国。对回归祖国的东巴古籍的翻译和初步内容研究表明，其中不乏在国内已经绝迹了的经典。即使国内有同名古籍，由于书写年代、地域等不同，其内容也往往存在着很大的差别。项目组对此进行了初步的分析研究，目的在于判定古籍的价值。举例说明如下：

（一）不同版本《创世纪》的对比分析研究

东巴经典中有反映纳西族东巴文化精髓的创世史诗、战争史诗、爱情史诗。其中被誉为“三大史诗之首”的是创世史诗《创世纪》（又被译为《创世经》《人类迁徙记》《洪水的故事》等）。《创世纪》对于研究纳西族的历史、社会、语言、文字、伦理等具有非常重要的价值，其以神话的形式描述了纳西族祖先的创世历程，还记述了历时千年、行程数千公里的民族迁徙的过程，有助于从中探寻纳西族的迁徙轨迹。

丽江市东巴文化研究院所藏《创世纪》（以下简称“藏本A”）是申报“世界记忆遗产”的重要文献。2016年，项目组与法国国家图书馆合作，对该馆《创世纪》藏本（以下简称“藏本B”，收藏于1905年）进行了数字化采集，以及抢救性释读和翻译。现对两个藏本进行如下对比分析：

《创世纪》藏本A、B封面的比较如图2–3、图2–4所示。

图2–3 《创世纪》古籍藏本A（上册封面及下册封面）

图2–4 《创世纪》古籍藏本B（封面）

通过对藏本A、B进行对比分析，我们得到了一些新信息：

不同的《创世纪》藏本在内容上有明显的不同，揭示了成书地域，迁徙路线、路站，成书年代的不同等造成的不同的演变轨迹。对不同藏本的对比分析有助于揭示纳西族社会的发展过程及地域民俗的差异，并推演哪种《创世纪》版本的记载年代更为原始。

1. 纳西族的迁徙历程是东巴文化的研究热点之一，基本依据是东巴经书的记载。两种藏本记载的迁徙路线、路站及终点有所不同。经比较研究，藏本B的成书地点为云南省丽江市玉龙县北部的宝山乡（记载的许多迁徙路线上的地名及村庄至今存在），属迁徙路线所经早期地域，藏本A成书于玉龙县南部的黄山镇，属迁徙路线所经晚期地域。由于藏本B提供了较早的迁徙路线上的新信息，可以推断藏本B的成书时间更早。两个版本的藏本揭示了不同地域和支系的纳西族的迁徙路线及时间，可以形成互补。

经研究，其所揭示的纳西族祖先迁徙的大体方向为：先沿青藏高原东南麓向南部较低海拔地区迁移，在以云南省宁蒗县永宁乡为中心的滇、川边界地区长期居住，这可以解释纳西族与目前居住在青藏高原的羌族、藏族在族源、语言、宗教等方面的历史渊源；之后，其中主要的一支由永宁向西迁徙到金沙江流域，沿金沙江逆流而上，经香格里拉县三坝乡，玉龙县大具乡、宝山乡，丽江市古城区及黄山镇，玉龙县鲁甸乡等，最远者进入澜沧江流域。

依照《创世纪》等古籍推演出的纳西族迁徙路线（局部）如图2–5所示，图中红点是重要的迁徙路站，也是目前纳西族重要的聚集地。

图2–5　纳西族迁徙路线（局部）

2. 藏本B全部由东巴象形文字写成，藏本A由东巴象形文字结合格巴文字写成。格巴文字是纳西族于17世纪初在东巴象形文字的基础上创制而成的一种标音文字。藏本A、B的对比分析反映出了东巴文字由象形文字到标音文字的演化过程；若从文字演变的角度看，由于格巴文字的形成晚于东巴象形文字，所以可推断藏本B较为原始；另外，其中还揭示了历史上东巴文字和格巴文字在使用上的地域分布。东巴文字和格巴文字的对比如图2–6所示。

3. 藏本B保留了古老的民俗内容，如书中第10页有关于织羊毛机这一重要的生产工具及其制品的描述（如图2–7所示红框区域），藏本A则没有相关记载。经分析，藏本B有助于进一步揭示纳西族古老的经济生活方式及其发展演变过程。

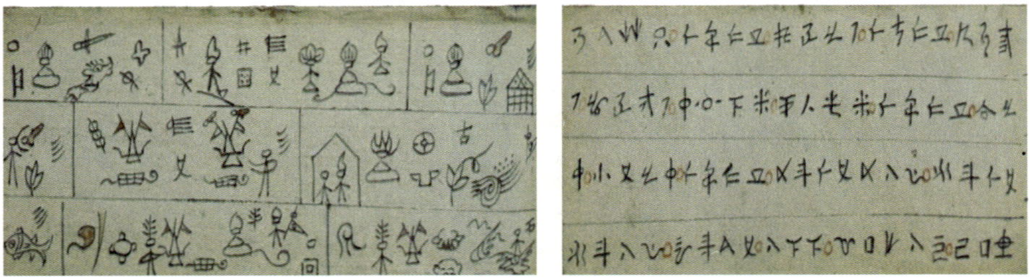

图2-6　东巴文字与格巴文字的对比

图2-7　法国国家图书馆的《创世纪》古籍藏本的第10页

4. 藏本B为单行本（后发展为分册本），具有非彩绘的竖排封面图案、古朴的装饰风格及不同的书画风格，这些元素符合“东巴古籍成书时间更早”的特点。此外，它在神话故事情节、“神灵”名称、祭祀仪式细节、经文具体内容等方面也有诸多不同。

综上所述，法国国家图书馆的《创世纪》古籍藏本是目前发现的最早的《创世纪》古籍藏本，且具有独特的价值。

（二）汉语翻译英文稿东巴古籍《请灵经》及其分析

在调研英国曼彻斯特大学图书馆收藏的东巴古籍时，发现了荷兰女传教士爱丽丝用英语翻译的东巴古籍《请灵经》，项目组认为该文献对东巴古籍研究具有重要的价值。为了确定荷兰女传教士爱丽丝英语翻译的准确性，项目组将该册东巴古籍的复印件交给著名东巴习尚洪先生进行释读与翻译。在将东巴释读的内容与原英文释读的内容进行了比较之后，发现两者在内容上有所不同。例如：现在古籍的汉语译名为“迎请‘卡日尼甲大神’”，“卡日”的意思是“四张嘴”，“尼甲”的意思是“八只眼”，都是藏语的发音。可以解释为，东巴文献中有一部分经文中的藏语使用东巴文记音，东巴古籍的内容与藏传佛教的经文有密切的联系。为便于今后专家们继续进行对比研究，项目组还对习尚洪东巴的释读和翻译过程进行了全程跟踪记录，并按照习尚洪东巴的释读内容编写了汉语编目，将该册古籍的两个译文版本作为不同时期的历史记载。我们认为，此项工作的价值还在于可以发现百年前的东巴与当代东巴在翻译东巴经典时有何区别。爱丽丝翻译的《请灵经》英文稿如图2-8所示，习尚洪东巴翻译的《迎请“卡日尼甲大神”》编目如图2-9所示。

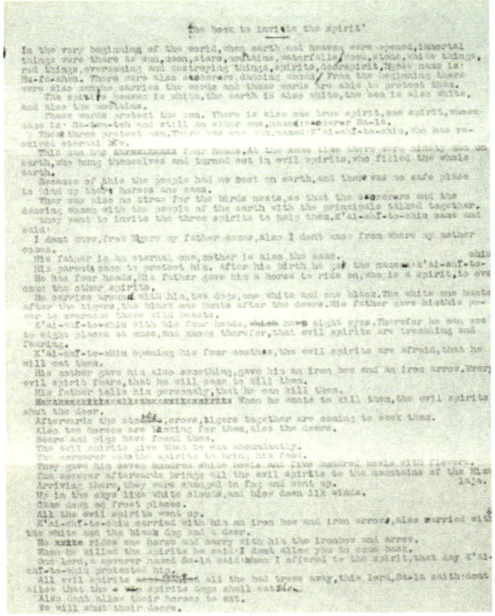

图2-8　爱丽丝翻译的《请灵经》英文稿

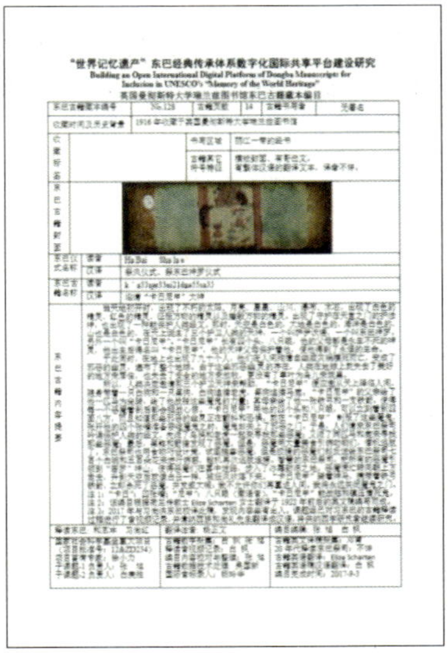

图2-9　习尚洪东巴翻译的《迎请“卡日尼甲大神”》编目

（三）东巴古籍重要文献《纳西手稿目录》的择要翻译

由于所采集的国外的有关东巴古籍研究的文献多为英语、法语、德语等版本，为深入研究东巴古籍的历史来源、国际地位、学术价值、社会影响等，项目组对采集到的历史文献进行了一些分析，并选取重要部分进行了英语、法语的汉译工作。例如，2016年，项目组研究分析了从德国国家图书馆采集的《纳西手稿目录》中洛克所著的前两部英语专著中的重要部分，邀请从事纳西学研究的英国专家邓肯教授与四川大学的李兰讲师合作承担翻译任务，把书中东巴古籍藏本的英语目录翻译成了汉语，共完成了56个古籍条目，翻译并编写了这批德国国家图书馆馆藏的东巴古籍的汉语书目。从《纳西手稿目录》中摘录的英译汉成果样本如图2–10所示。其中，图中左侧为古籍藏本Hs.Or.366，译名为《崇仁利恩下凡记》的英译汉成果样本，右侧为古籍藏本Hs.Or.620，译名为《神路图末篇》的英译汉成果样本。

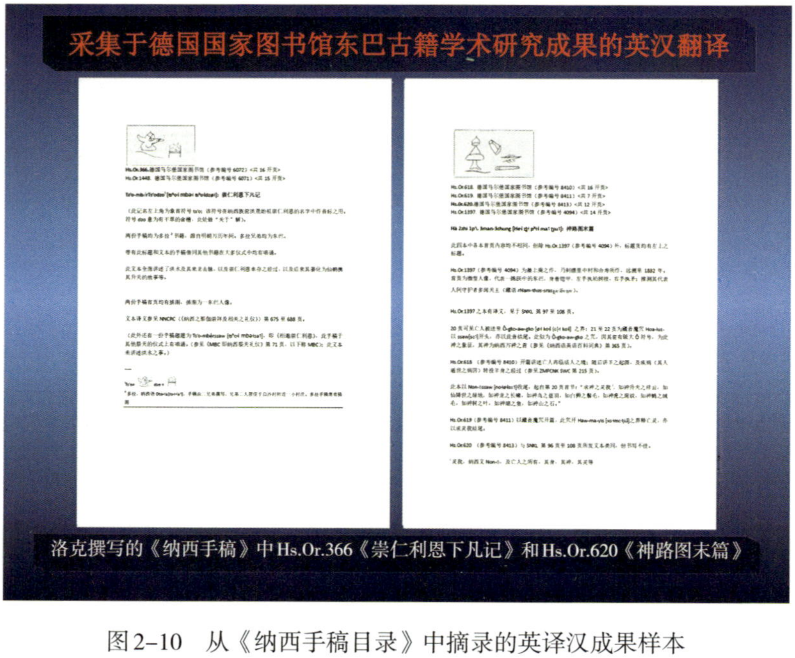

图2–10　从《纳西手稿目录》中摘录的英译汉成果样本

三、东巴古籍的编目资料整理与研究

项目组修订了东巴古籍编目信息，并对现存的东巴古籍编目进行了审核与修订。在研究工作中汇集与涉及的东巴古籍文献的编目资料超过6500册，项目组整理并分析了国内外18家主要收藏机构收藏的东巴古籍编目资料，其中，数字化编目资料共4524册，如表2-2所示。项目组对新采集的数字版东巴古籍进行了分类整理，研究确定其主要内容、所用仪式、书写者、收藏机构、收藏时间、历史背景、来源区域、书写特征等信息，并撰写了汉语（或英语）内容摘要等。在此基础上，项目组还撰写了学术专著《国际馆藏东巴经典编目举要》（25万字，精选并完成了358册东巴古籍的编目，待由中华书局出版）。中英文编目资料内容示例如图2-11所示，《国际馆藏东巴经典编目举要》中的东巴古籍编目示例如图2-12所示。

表2-2　国内外18家主要收藏机构收藏的东巴古籍数字化编目资料情况

序号	收藏机构	完成编目资料（册）
1	英国国家图书馆	17
2	英国曼彻斯特大学图书馆	43
3	法国国家图书馆	5
4	法国巴黎语言文化大学	14
5	法国远东学院	1
6	法国吉美特博物馆	3
7	美国哈佛大学图书馆	40
8	德国国家图书馆	87
9	瑞典国家世界文化博物馆	14

续表

序号	收藏机构	完成编目资料（册）
10	美国国会图书馆	1
11	丽江市东巴文化研究院	235
12	北京东巴文化艺术发展促进会	14
13	丽江市博物院	5
14	香格里拉县三坝乡文化站	157
15	南京博物院	600
16	云南省丽江玉龙纳西族自治县图书馆	3
17	中央民族大学	1648
18	中国国家图书馆	1637
合计		4524

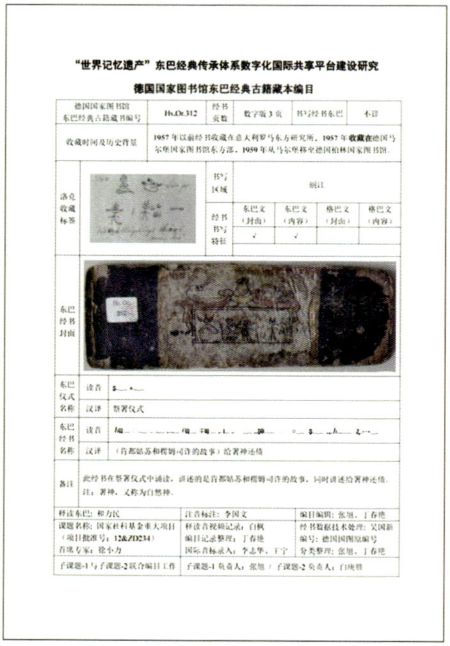

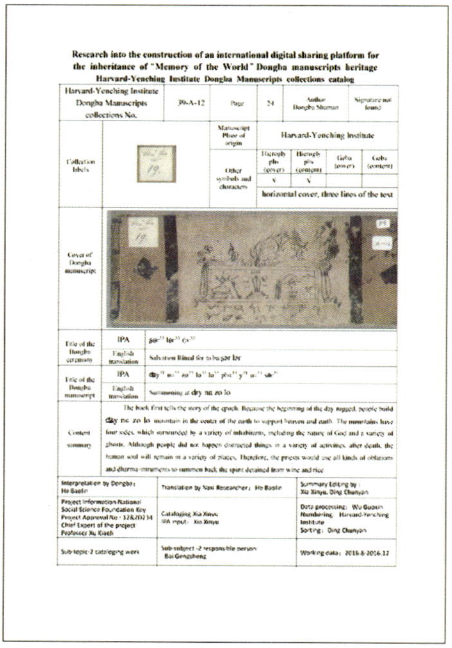

图 2-11　中文编目和英文编目示例

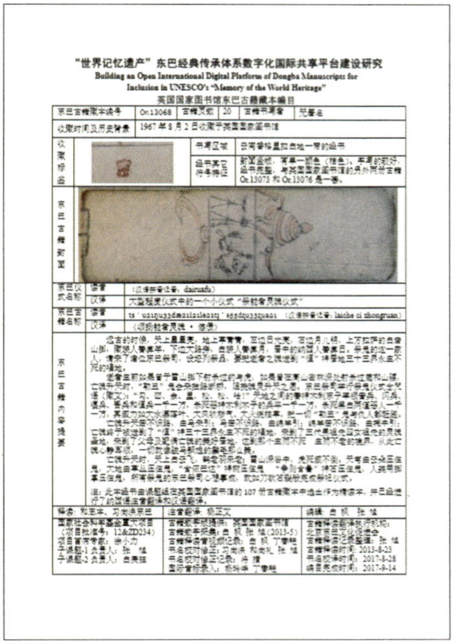

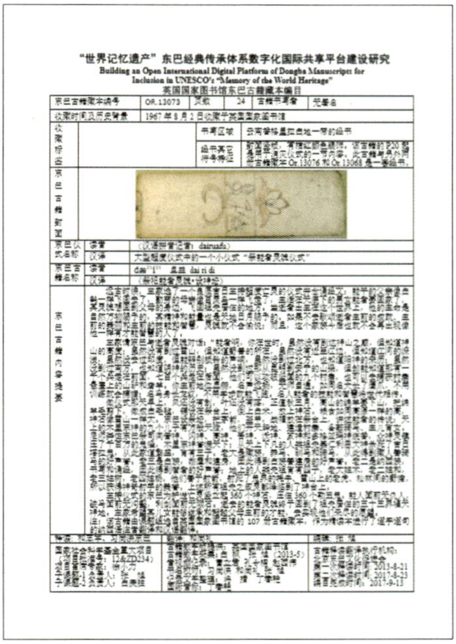

图2–12　《国际馆藏东巴经典编目举要》中的东巴古籍编目示例

四、东巴古籍的翻译，释读，音频、视频记录与标音

东巴古籍的释读具有很高的复杂性。用于书写东巴古籍的东巴象形文字共有1400余个字符（如果包括由东巴文字发展而来的格巴文字，则有2000余个字符），其源甚古，字少意繁，往往一字多形、多音、多义。文字、语句结构极其复杂，同一图画的细微差别往往表达了不同的含义，其基本表达单位不局限于语素一级，有时包括音节和句子。特别是古籍中的字、词、句中往往隐含着寓意、事件和故事，例如仅仅几个象形文字就可以代表一个仪式、一组行为动作或是一段历史传说。对这些内容的理解往往通过东巴家族内部口传心授的形式，也取决于资深东巴主持各种仪式的经验。因此，一般人无法借助词典等工具进行释读。在纳西语的语境已经

发生了巨大变化的今天，只有对纳西族的历史、文化有深刻的了解，以东巴古籍释读为专长的个别老东巴能够正确理解其含义。释读东巴古籍的难点还在于其发音（古纳西语的发音）与现代纳西语也有所不同，并且存在方言、土语上的差别。

不同地域的方言及文字本身的差别进一步增加了释读的复杂性。由于历史上的纳西族聚集地之间交通不畅，不同的纳西族聚集地语言在发音上有明显的差异，造成异体字较多，特别是东巴古籍所用文字有东巴文、格巴文混写的情况。存在的这些情况，都为分辨东巴古籍的来源地甚至书写者提供了依据。

因此，重要的是首先要找到阅历丰富、真正有能力正确释读东巴古籍的资深东巴。项目组有幸请到代表目前东巴古籍的释读和翻译的最高水平的东巴（其中一位是为本项目的东巴经典的抢救性释读做出了重要贡献的和志本先生，已于2017年以90岁高龄离世）。

另一项重要任务是音频、视频记录东巴的释读过程，为将来的东巴语言文字的研究工作留下宝贵的记录。项目组采用多机位同步记录的方案，同时记录释读者的表情和口型、释读文字的内容、释读场景等，尽可能全面地记录释读过程。每次由老东巴正式释读古籍时，至少要设置现场正面全景、侧四十五度角人物中近景和古籍特写反打镜头三个机位。正面的全景是对参与释读过程的工作人员及释读环境的记录，它在很大程度上表现了工作的全貌和时代特征，而这个特征很可能在以后被未来的研究者作为时间、年代，地域环境，人物形象，服装、服饰等的证据，就像我们今天根据20世纪40年代约瑟夫·洛克拍摄的东巴仪式影片来辨识当时的东巴的祭祀布置、仪式着装、舞蹈程式和主持程序与今天同类的祭祀活动相比有了哪些变化一样。采用侧四十五度角人物中近景拍摄是为了记录释读者的面部表情和形象的细节。东巴在诵读古籍时面部表情极为丰富，时而喃喃细语，时而引吭高歌，而这一切情绪上的变化往往又反映了正在释读的古籍的内容，这些视觉形象对于东巴古籍的研究者无疑是极具参考价值的。拍摄古籍文字特写的这个机位非常重要，一般设在释读经书的东巴的正后方，以释读者的主观视角进行拍摄。它直接表现释读的实质，也就是东巴象形文字的音、形、义的结合。这样设置的目的主要有三个：首先，经书观看角度是正方向，画面真实感强，也便于后期剪接时镜头转换的处理；其次是摄像机在摇的过程中，镜头与古籍平面的距离变化相对较少，在拍摄特写时不至于因为景深的深浅而进行频繁的大范围调焦，微调就可解决对焦问题，便于拍摄操作；其三是根据国际上通行的对古文字释读的音频、视频记录规范，字音和字形在释读过程中应该对位，以便让后来的研究者准确识别某字应该发什么音，正面机位拍摄是以释读者的主观视角，拍摄的角度是随着象形文字的移动而调整、变化的。

释读实践表明，正式释读的记录固然重要，但东巴预习时的释读，包括与专家的研讨和对话也具有重要的学术价值，这一阶段的对话常表现为双方的辩论和讨论，展现了真相逐步产生的过程，一些有力的论据都出现在这些对话里。东巴会根据回忆对古籍的某些文字和段落做出大量的推测、解释和分析，甚至会因此讲出一段完整的历史事件和故事，这些不可多得的资料是在一般的学术书籍中查阅不出甚至是以后再也记录不到的，因而格外值得珍视，它是对正式释读部分的重要补充，甚至与正式释读具有同等重要性。项目组在古籍编目过程的最后阶段也会常常调出这些对话录音，用以核实编目内容。

为了今后在共享平台上的古籍内容能得到最全面、最生动的展示，项目组从多个收藏机构中各选出一两册有代表性的东巴经典，进行全本释读的音频、视频编辑，包括剪辑一个几分钟的含有汉语翻译字幕的精彩片段，为的是研究者在数字化平台上检索时首先能够得到一个简短而清晰的视觉提示，并能大致了解古籍的基本内容和重点。

基于上述方案，项目组对精选的19册东巴经典进行了全本释读和汉语翻译。具体的古籍名称等信息如下：

[1] 2013年8月，和志本东巴（已故）与习尚洪东巴全文释读了英国国家图书馆东巴古籍藏本Or.13068《颂扬能者灵魂·偿债》。全本经书被音频、视频记录于香格里拉白地古度村。

[2] 2013年8月，和志本东巴（已故）与习尚洪东巴全文释读了英国曼彻斯特大学图书馆东巴古籍藏本No.43《降魔杵经》（下卷），全本经书被音频、视频记录于香格里拉白地古度村。2015年8月，习尚洪东巴第二次盛装释读了曼彻斯特大学芮兰兹图书馆的该册东巴古籍，全本经书被音频、视频记录于香格里拉白地滋吾村。

[3] 2014年8月，和志本东巴（已故）与习尚洪东巴全文释读了法国国家图书馆东巴古籍藏本INDOCHINOIS–No.478《创世纪》。全本经书被音频、视频记录于香格里拉白地滋吾村。

[4] 2014年8月，和志本东巴（已故）全文释读了北京东巴文化艺术发展促进会东巴古籍藏本No.3《祭胜利神》。全本经书被音频、视频记录于香格里拉白地东巴集贤苑。

[5] 2015年8月，和志本东巴（已故）与习尚洪东巴全文释读了法国巴黎语言文化大学东巴古籍藏本MSS NAXI 12《黑白争战·冲破“鬼”设的障碍》。全本经书被音频、视频记录于香格里拉白地滋吾村。

[6] 2016年8月，习尚洪东巴全文释读了美国国会图书馆东巴古籍藏本No.NZA079–4《殉情的故事》。全本经书被音频、视频记录于香格里拉白地滋吾村。

[7] 2016年8月，习尚洪东巴全文释读了法国巴黎语言文化大学东巴古籍藏本MSS NAXI 9《九个鸡蛋的来历》。全本经书被音频、视频记录于香

格里拉白地滋吾村。

[8] 2016年8月，习尚洪东巴全文释读了瑞典国家世界文化博物馆东巴古籍藏本1946–34–0014《祭神箭》。全本经书被音频、视频记录于香格里拉白地滋吾村。

[9] 2016年8月，习尚洪东巴全文释读了瑞典国家世界文化博物馆东巴古籍藏本1946–34–0012《创世纪》。全本经书被音频、视频记录于香格里拉白地滋吾村。

[10] 2016年8月，习尚洪东巴全文释读了瑞典国家世界文化博物馆东巴古籍藏本1946–34–0005《延寿经·压“鬼”》。全本经书被音频、视频记录于香格里拉白地滋吾村。

[11] 2016年8月，习尚洪东巴全文释读了瑞典国家世界文化博物馆东巴古籍藏本1946–34–0011《灵魂历经“阴间”九道坡的过程》。全本经书被音频、视频记录于香格里拉白地滋吾村。

[12] 2016年8月，习尚洪东巴全文释读了法国远东学院东巴古籍藏本No.50《智慧与技能之传承》。全本经书被音频、视频记录于香格里拉白地滋吾村。

[13] 2016年8月，习尚洪东巴全文释读了法国吉美特博物馆东巴古籍藏本No.59182《讲述供品的来历》。全本经书被音频、视频记录于香格里拉白地滋吾村。

[14] 2016年8月，习尚洪东巴释读并吟诵了北京东巴文化艺术发展促进会古籍藏本《普赤乌鲁的故事》。

[15] 2017年8月，习尚洪东巴全文释读了法国国家图书馆东巴古籍藏本INDOCHINOIS–No.514《用鸡祭“鬼”为人类偿债》（上册）。全本经书被音频、视频记录于香格里拉白地滋吾村。

[16] 2017年8月，习尚洪东巴全文释读了英国国家图书馆东巴古籍藏

本Or.13073《祭祀能者灵魂·设神坛》。全本经书被音频、视频记录于香格里拉白地滋吾村。

[17] 2017年8月，习尚洪东巴全文释读了英国曼彻斯特大学图书馆东巴古籍藏本No.102《降魔杵经》（上卷），全本经书被音频、视频记录于香格里拉白地滋吾村。

[18] 2017年8月，习尚洪东巴全文释读了北京东巴文化艺术发展促进会东巴古籍藏本No.1《祈求“神树”赐予寿岁》。全本经书被音频、视频记录于香格里拉白地滋吾村。

[19] 2017年8月，习尚洪东巴全文释读了英国曼彻斯特大学图书馆东巴古籍藏本No.128《迎请“卡日尼甲大神”》。全本经书被音频、视频记录于香格里拉白地滋吾村。

在上述19册东巴经典中选择4册（《创世纪》《颂扬能者灵魂·偿债》《黑白争战·冲破“鬼”设的障碍》《降魔杵经》）为样本，进行了国际音标—纳西语—汉语对照翻译。和志本东巴（已故）和习尚洪东巴释读东巴古籍的情景如图2–13所示，多机位全方位记录释读过程的情景如图2–14所示。

图2–13 和志本东巴（已故）和习尚洪东巴释读东巴古籍

2–14 多机位全方位记录释读过程

《创世纪》精翻及标引文档如图2–15所示。

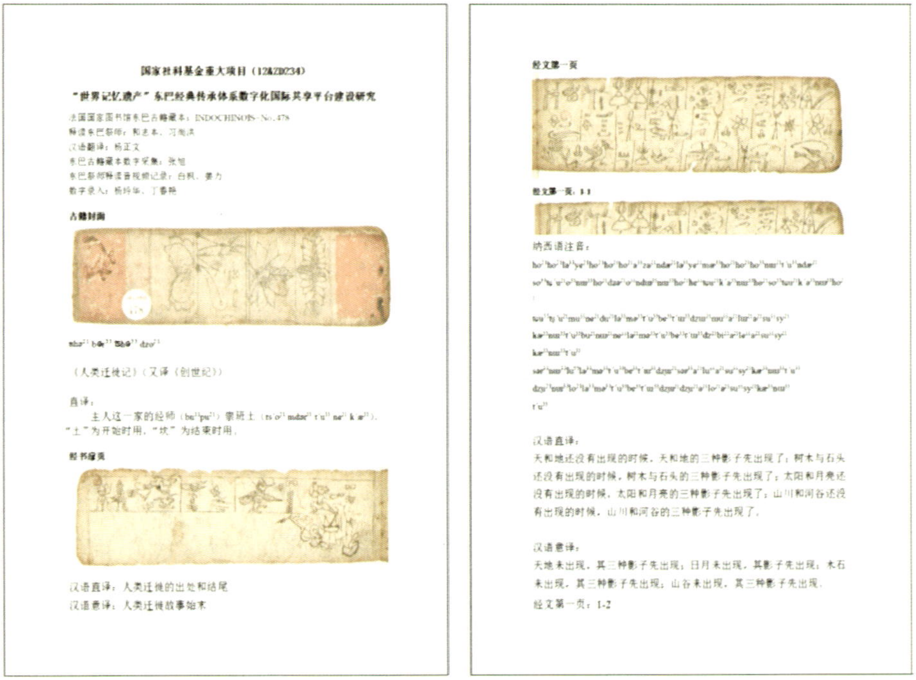

国家社科基金重大项目（12&ZD234）

“世界记忆遗产”东巴经典传承体系数字化国际共享平台建设研究

法国国家图书馆东巴古籍藏本：INDOCHINOIS-No.478

释读东巴祭师：和志本、习尚洪

汉语翻译：杨正文

东巴古籍藏本数字采集：张旭

东巴祭师释读音视频记录：白枫、蔡力

数字录入：杨玲华、丁春艳

古籍封面

（人类迁饶记）（又译《创世纪》）

直译：

主人这一家的经师（bɯ²¹pu²¹）祭祀土，“土”为开始时用，“坎”为结束时用。

经书扉页

汉语直译：人类迁饶的出处和结尾

汉语意译：人类迁饶故事始末

经文第一页

经文第一页：1-1

纳西语注音：

汉语直译：

天和地还没有出现的时候，天和地的三种影子先出现了；树木与石头还没有出现的时候，树木与石头的三种影子先出现了；太阳和月亮还没有出现的时候，太阳和月亮的三种影子先出现了；山川和河谷还没有出现的时候，山川和河谷的三种影子先出现了。

汉语意译：

天地未出现，其三种影子先出现；日月未出现，其影子先出现；木石未出现，其三种影子先出现；山谷未出现，其三种影子先出现。

经文第一页：1-2

图2–15 《创世纪》精翻文档局部

东巴经典的抢救性释读与精翻实例介绍可参见附录3。

项目合作单位丽江市东巴文化研究院在本项目开展阶段对阮可地区的东巴古籍进行了翻译研究工作。研究期间，为了保证释读工作的顺利开展，他们特聘请了阮可地区的6位东巴长期驻扎在丽江市东巴文化研究院，协助研究院的研究人员对23册阮可东巴古籍进行释读，最终完成了30多万字的翻译书稿。

第三章　东巴古籍与文本文献的数字化处理方法

一、东巴古籍图像预处理技术研究

部分东巴古籍年代久远，图像模糊不清，且图像在采集过程中会存在很多不确定的因素，比如噪声信号的干扰，再比如部分成像传感器在不同的时间、环境、光照条件等影响因素下的成像也存在差别。所采集的原始东巴古籍图像并不是理想的待配准图像，很可能会导致错误匹配甚至无法配准。因此，图像预处理是东巴古籍图像配准乃至图像拼接过程中必不可少的一个环节。

图像预处理就是对原始采集的图像的质量进行提高和优化的过程，较常用的有图像灰度化、图像去噪、图像边缘增强、图像压缩、图像复原等技术。在东巴古籍图像拼接的过程中，需要去除原始采集的图像中无关紧要的信息，保留有关联的重要信息，而且我们所关注的主要是图像中的特征信息，因此需要采用某种手段对我们所感兴趣的纹理、边缘等特征进行增强处理。

（一）东巴古籍图像灰度化

对于我们所采集到的彩色的东巴古籍图像，由于彩色信息对于特征点提取、图像匹配没有太多的利用价值，我们感兴趣的主要是图像的纹理、边缘，东巴古籍中的象形文字等信息。对此，通常先采用图像灰度化方法将彩色图像转换成灰度图像，得到灰度图像后再进行其他后续操作，如特征提取、图像匹配、图像融合等。

图像灰度化的主要步骤是将一幅彩色图像的R、G、B三基色分量分别看作是一幅灰色图像，然后对三幅单色图像进行加权融合，最终得到由彩色图像经过加权平均而成为的灰度图像。灰度像素G（x，y）生成变换公式如下：

$$G(x,y)=0.3f_R(x,y)+0.59f_G(x,y)+0.11f_B(x,y) \qquad (1)$$

式中，f(x，y) 为彩色图像中任意一点像素，f_R(x，y)、f_G(x，y)、f_B(x，y) 分别为R、G、B分量。东巴古籍图像灰度化结果如图3-1所示。

a.原始东巴古籍图像

b.东巴古籍灰度图

图3-1　东巴古籍图像灰度化处理

（二）东巴古籍图像增强

随着图像处理技术研究的深入，各种图像增强的新方法层出不穷，比如形态学、模糊数学等都已经被应用到了图像增强算法中。图像增强算法一般表现为在提高图像对比度的前提下优化图像视觉效果、图像峰值信噪比、信息熵等各个指标，但要同时使上述所有指标达到最优。现阶段还没有一种图像增强算法可以实现，因此需要针对特定的需求，选取不同的图像增强算法。

对于东巴古籍文献图像对比度低、背景复杂、图像模糊不清等特点，本章提出了一种改进的小波分析和模糊集理论相结合的图像增强算法。运用模糊集理论对小波分解得到的低频系数进行增强处理，以提高图像对比度；同时使用一种改进的小波阈值函数调整高频子带系数，采用局部阈值法，根据分解层数的不同及其变化规律，采用不同的局部阈值。

1. 图像的小波变换

法国科学家S.Mallat于1988年提出了小波变换的主要运算法则，此后经多位学者的发展和完善，实现了以傅里叶变换为基础的小波变换对傅里叶变换和短时傅里叶变换的一次重大突破。由于小波变换具有优良的局部化特性、时频特性等优势，其应用非常广泛，在图像分析与处理的过程中尤为适用。

根据 Mallat 塔式分解算法，把图像进行二级小波分解后，可得到4个方向的细节子图，其分解结构如图3-2所示。cV_1、cH_1、cD_1分别为图像分解后第一层的垂直分量、水平分量和对角分量；然后以第一层小波分解的低频系数为输入继续分解，可以得到二级小波分解，cA_2为第二层小波分解的低频系数。

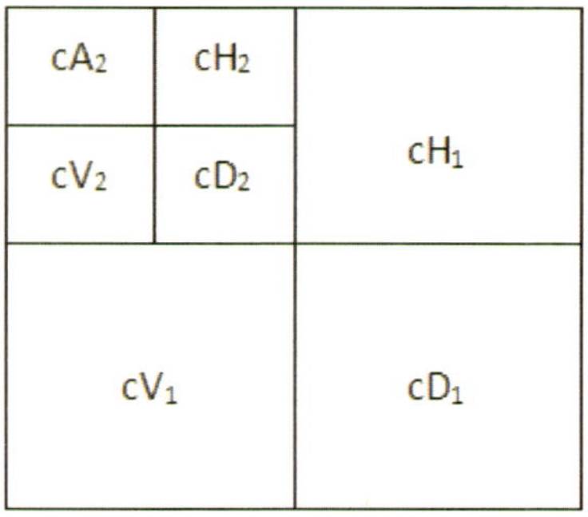

图3-2　小波分解的塔式结构

当小波变换用于东巴古籍图像增强处理时，首先对原始图像进行二维离散小波变换，得到其低频分量和高频分量，然后根据实际需要对低频分量进行处理，以提高东巴古籍图像的整体对比度，对高频分量进行增强，使古籍图像的轮廓、边缘，东巴象形文字的细节特征突显出来，最后通过小波反变换重构东巴古籍图像。

2. 小波高频系数阈值滤波处理

对于小波阈值滤波算法，由于滤波的质量主要受阈值函数与阈值的影响，我们分别对阈值函数与阈值进行了改进，以使滤波处理达到更好的效果。

（1）阈值函数的选取

通常所采用的阈值选取方法有软阈值法、硬阈值法和半阈值法。半阈值滤波方法在处理图像细节的平滑处上效果显著，但计算量较大，因而需要确定两个阈值。所以在对硬阈值滤波、软阈值滤波两种方法进行了分析比较后，本节在两者的基础上进行了优化。软阈值与硬阈值这两种阈值函数的映射如图3-3所示。

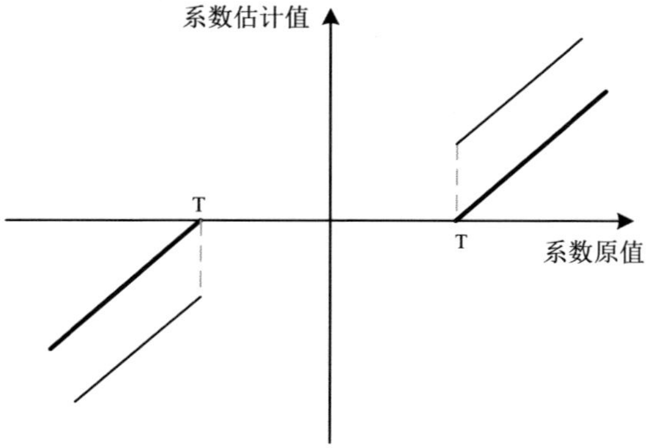

图3–3　软阈值与硬阈值函数的映射

图3–3中的细直线表示硬阈值函数，其表达式为：

$$W(x)=\begin{cases}x & |x|\geq T\\ 0 & |x|<T\end{cases} \tag{2}$$

粗直线表示软阈值函数，其表达式为：

$$W(x)=\begin{cases}\operatorname{sgn}(x)(|x|-T) & |x|\geq T\\ 0 & |x|<T\end{cases} \tag{3}$$

式中，T为阈值，x为原系数的值，W（x）为运算结果。

硬阈值滤波是将比阈值小的x值归于零，对比阈值大的x值不做变化。因为系数不连续，如采用硬阈值滤波方法，去噪后可能会出现不同方向的振铃，使得图像不清晰，但其在保留图像细节信息如边缘、纹理等方面效果较好。软阈值滤波的基本思想是缩小比阈值大的部分，这样即可使系数变得连续，以此实现图像平滑，但这样也会使图像细节如纹理、边缘等变得不清晰。

因此，将参数a引入这两种阈值函数之间，通过调整a的大小来获得适用于不同图像特性的阈值函数。引入参数a后，其阈值函数变为：

$$W(x)=\operatorname{sgn}(x)\times\max\{(|x|-aT),0\}$$
$$a\in(0,1) \tag{4}$$

当a=1时，式（4）为软阈值函数，当a=0时为硬阈值函数，此函数恰当地减少了阈值与含噪系数间的差值，介于软、硬阈值函数之间，以达到优化传统算法的目的。当要处理的原始东巴古籍图像较平滑，但背景复杂、细节较少时，a的取值在区域[0.5, 1]内会取得更好的效果；当原始东巴古籍图像纹理复杂，图像细节、边缘部位较重要时，a取低于0.5的值较好。

（2）阈值的选取

阈值的选取在小波阈值滤波算法中至关重要，其值的大小与滤波的效果息息相关。当选择较小的阈值时，图像所含噪声部分遗留信息较多，使去噪结果达不到理想的要求；而当选择过大的阈值时，无噪图像的信息会遗失较多，从而使得图像存在部分失真的现象。

本处利用贝叶斯萎缩法估算噪声与信号之间的阈值。根据贝叶斯准则，可得到贝叶斯萎缩阈值为：

$$T_k^s=\hat{\sigma}_n^2(k,s)\Big/\hat{\sigma}(k,s) \tag{5}$$

式中，$\hat{\sigma}_n$（k, s）为噪声标准差，其在第k个尺度、第s个高频子带位置的大小为：

$$\hat{\sigma}_n(k,s)=f\left(\left|\,g_k^s(i,j)\right|\right)\Big/0.6745 \tag{6}$$

式中，g_k^s（i, j）为第k个尺度、第s个高频子带（i, j）位置上的高频子带系数，函数f（x）为MEDIAN函数，可以求解得到该子带系数的中值。

子带的信号标准差为：

$$\hat{\sigma}_n(k,s)=\sqrt{\max\left(\hat{\sigma}_g^2(k,s)-\hat{\sigma}_n^2(k,s),0\right)} \tag{7}$$

式中，$\hat{\sigma}_g^2$（k, s）为相应子带系数的方差。

另一方面，传统的Bayes阈值是一个全局阈值，它全部采用同一阈值，没有根据小波分解后的各个子图所含噪声的不同而设定不同的阈值，这样就会造成使用同一阈值去噪的“粗糙”处理。针对这一缺点选用局部阈值法，即对分解后不同层数的子图像分别采用不同的阈值。

由小波分解含噪图可知，系数取值范围随着分解层数的增加而逐步扩大，噪声能量则会随着分解层数的增加而减小，即低频子图中会有大量的能量集中。在局部阈值的选择上根据不同的分解层数及其变化规律做出改变，会更多地保留不含噪的信息，起到良好的去噪作用。改进的Bayes阈值是在传统的Bayes阈值的表达式上引入一个自适应变量，如式（8）所示，从而使之成为一个局部阈值，根据分解后不同层数系数的大小改变其自适应变量。改进的Bayes阈值函数表达式为：

$$T_k^s = \omega \frac{\hat{\sigma}_n^2(k,s)}{\hat{\sigma}(k,s)} \tag{8}$$

式中，$\omega = \sqrt{\log_2\left(\frac{L_J}{J}\right)}$，$L_J$为分解后第J层子带的长度，ω 为引入的自适应变量。

加入自适应变量后，在分解的前几层，不含噪的信息比较多，此时需要较小的变量，使无噪图的有用信息得到大量保存，但分解系数中噪声所占比例随着分解的逐步深入而不断增大，自适应变量也增大，系数更多地归于零，因此更多的噪声得以去除。

（3）低频系数模糊集理论增强方法

采用模糊集理论进行东巴古籍的图像增强时，将其图像映射到模糊域，接着对模糊域的系数进行处理，降低图像的某些不确定度，进而达到提升图像对比度的效果。定义一个大小为“M × N”的图像模糊矩阵为：

$$\boldsymbol{A} = \begin{bmatrix} \mu_{11}/x_{11} & \cdots & \mu_{1N}/x_{1N} \\ \vdots & & \vdots \\ \mu_{M1}/x_{M1} & \cdots & \mu_{MN}/x_{MN} \end{bmatrix} \tag{9}$$

式中，x_{ij}为图像中点（i, j）的像素灰度值，μ_{ij}为该点具有的某种特征的程度。

通过隶属度函数将低频子带系数映射到模糊空间。隶属度函数为：

$$\mu_{ij} = T\left(x_{ij}\right) = \frac{\left(x_{ij}\right) - x_{\min}}{x_{\max} - x_{\min}} \qquad (10)$$

式中，x_{ij}为低频子带（i, j）处系数值，x_{min}为低频子带系数中的最小值，x_{max}为低频子带系数中的最大值。

在模糊空间，通过非线性变换增强方法来处理图像，采用对比度增强算法以提高图像的对比度。其表达式如下：

$$\mu'_{ij} = T\left(\mu_{ij}\right) = \begin{cases} \frac{{}_{ij}}{\ } & \mu_{ij} < T \\ 1 - \frac{\left(1-\mu_{ij}\right)^2}{1-T} & \mu_{ij} > T \end{cases} \qquad (11)$$

式中，T为阈值。当$\mu > T$时，可以增强隶属度μ_{ij}；反之，$\mu < T$时则压缩隶属度μ_{ij}。相较于Pal–King算法，此增强算法不但运算速度快，而且可以保存图像中的低灰度信息。

最后，被进行过模糊集理论增强处理的低频子带系数通过逆变换$x'_{ij} = T^{-1}\left(\mu_{ij}\right)$，可以得到新的模糊特征平面。其中所用逆变换式如下：

$$x'_{ij} = \left(x_{\max} - x_{\min}\right) \times \mu'_{ij} + x_{\min} \qquad (12)$$

（三）东巴古籍图像预处理实现结果

为了对改进的小波分析与模糊集理论相结合的东巴古籍图像增强算法的有效性进行验证，分别用直方图均衡化、小波阈值滤波算法、本文算法在 Matlab2014 a平台上对东巴古籍图像进行增强处理，并分别从图像处理的主观效果和客观的定量指标两个角度衡量各种算法的优劣。东巴古籍图像被进行过增强处理的效果图和直方图如图3–4、图3–5所示。

a. 原始东巴古籍图像

b. 被进行过直方图均衡化处理的图像

c. 被进行过小波阈值滤波处理的图像

d. 被进行过本文算法处理的图像

图3–4 各算法的古籍图像增强处理效果

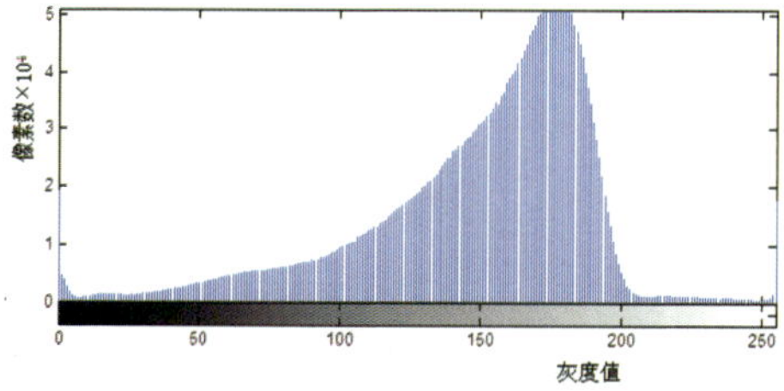

a. 原始图像直方图

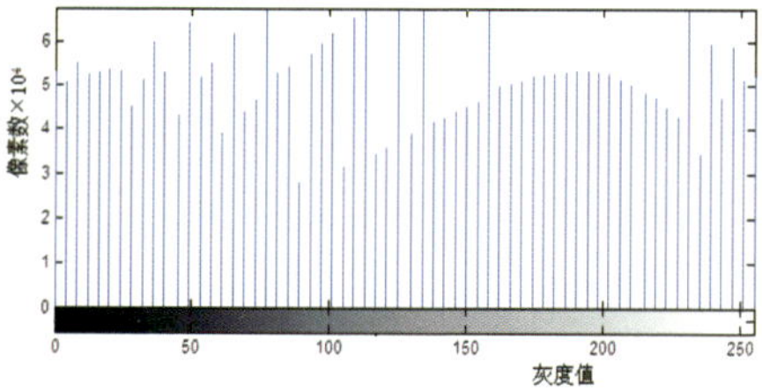

b. 直方图均衡化

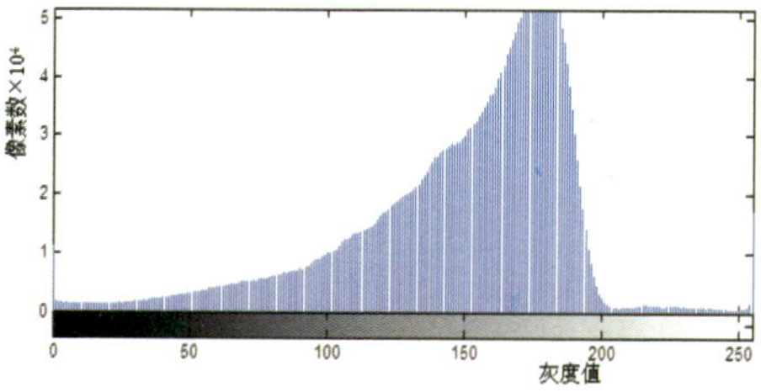

c. 小波阈值滤波

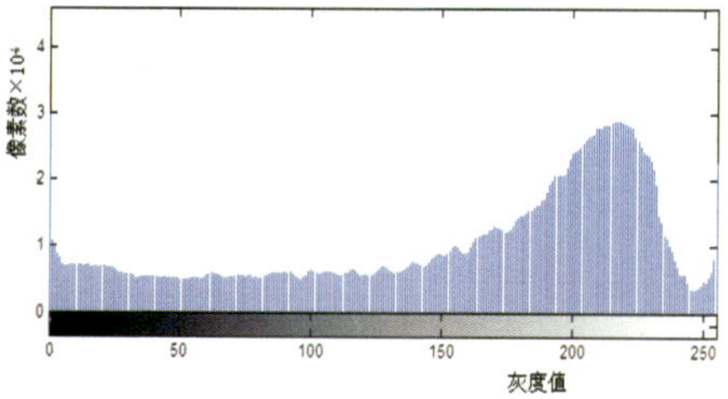

d. 本文算法

图3–5 各算法的古籍图像增强处理效果直方图

最后通过各种图像评价指标判断图像处理的效果，如图像对比度、清晰度、峰值信噪比、信息熵、亮度均值等。图像对比度可以体现图像的灰度层次，其表达式为：

$$c=\sum\delta(i,j)^{2}P(i,j) \tag{13}$$

式中，δ（i, j）为相邻两像素间的灰度差，P（i, j）为灰度差为δ（i, j）的概率。

信息熵可直观地反映图像信息量，其表达式为：

$$H(p)=-\sum_{i=0}^{255}p_i\log_2 p_i \tag{14}$$

式中，p_i表示第i个灰度级出现的可能性。

本文算法是采用东巴古籍图像灰度梯度边缘检测来判断图像的清晰度指标的，图像的清晰指数越大，相邻像素的灰度差越大，表明图像含有丰富的细节、纹理。增强后的图像失真程度可以由峰值信噪比反映，其值的大小与失真程度成反比。东巴古籍图像a经不同算法的定量指标结果如表3–1所示。

表3–1　东巴古籍图像a经不同算法的定量指标结果

处理算法	信息熵	对比度	峰值信噪比	清晰度
原始图像	3.6571	500.4305	0	42.4532
直方图均衡化	5.0250	1667.0	14.9266	209.265
小波阈值滤波	4.8925	278.150	31.0330	19.2885
本文算法	6.3654	3314.283	33.4802	58.0848

从图3–4、图3–5和表3–1中可以看出，直方图均衡化处理能够较好地提高东巴古籍图像的对比度，但从另外两个评价指标信息熵和峰值信噪比中可以发现图像失真严重，去噪效果较差。小波阈值滤波去噪效果较好，但相对而言其清晰度和对比度都较低，有部分细节遗失。通过本文算法对东巴古籍图像进行增强处理后，图像细节较清晰，峰值信噪比很高，且实现了对东巴古籍图像清晰度和对比度的改善，综合效果最优。

二、东巴古籍图像拼接系统开发

在完成对东巴古籍图像的预处理、图像配准、图像融合等的研究的基础上，设计开发一套东巴古籍图像拼接系统。

（一）东巴古籍图像拼接系统概述

东巴古籍图像拼接系统以Visual Studio 2013为平台，通过C++编程，同时调用Open CV库函数，并采用QT作为系统界面，最后开发了一套东巴古籍图像拼接系统。本系统首先对东巴古籍图像进行预处理，主要对东巴古籍图像进行灰度化及图像增强；预处理完成后，通过SIFT特征检测算法提取图像中的特征点，然后使用BBF最近邻算法进行特征点的匹配，并利用RANSAC算法对图像间的误匹配进行剔除，通过配准结果计算出图像之间的变换模型；最后采用基于高斯模型的改进的渐入渐出图像融合算法进行两张图像的融合。

综合实际情况具体分析，东巴古籍图像拼接系统应具有如下功能：

1. 图像载入功能。该系统可以供用户选择图像载入的路径，根据需求选择待拼接的东巴古籍图像所在目录和其对应的存储格式。

2. 图像拼接功能。该系统最主要的功能是图像拼接，能将不同视角采集到的多幅具有重叠区域的东巴古籍图像进行拼接，从而得到完整的东巴古籍图像。

3. 图像保存和显示功能。该系统可以采用一定的方式使经过图像拼接的东巴古籍图像显示出来，并能够将其保存到指定的位置。

4. 可扩展性。为了便于东巴古籍图像后续的数字化处理，如东巴文字识别、东巴经检索等，系统可以提供将拼接后的图像用于其他应用的接口。

5. 可视化效果。该东巴古籍图像拼接系统需要提供直观的可视化界面，便于操作。

根据东巴古籍图像拼接系统的功能及需求，东巴古籍图像拼接系统设计的总体框架如图3-6所示。该系统主要有四大模块：图像加载、图像预处理、图像配准及图像融合。

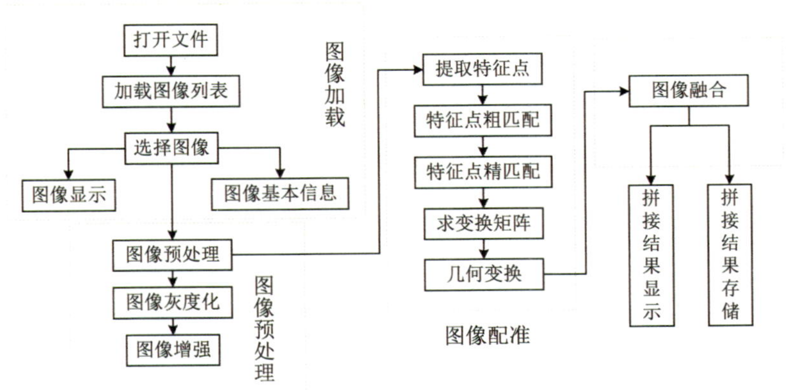

图3-6　东巴古籍图像拼接系统框架结构

根据系统框架结构图设计东巴古籍图像拼接系统界面，如图3-7所示。其主要包括图像预处理模块、特征点提取模块、图像匹配模块、图像融合模块及状态显示区。

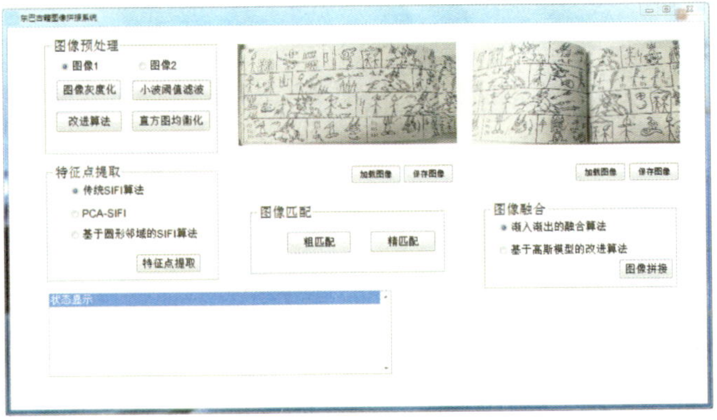

图3-7　东巴古籍图像拼接系统界面

图像预处理模块主要用于对拼接前的东巴古籍图像进行预处理，主要包括图像灰度化及图像增强，去除图像中与匹配无关的信息，突出并增强感兴趣的特征，以使后续的东巴古籍图像拼接更加顺利、结果更加准确。特征点提取模块用于对加载的图像进行特征点提取，并且有传统SIFT算法、PCA-SIFT算法、基于圆形邻域的SIFT算法供选择，同时，状态显示区可以显示所提取的特征点的数量及所消耗的时间。图像匹配模块有粗匹配和精匹配两种图像匹配模式供选择，并且可以通过状态显示区的匹配数、匹配时间进行分析比较。在图像融合模块可以选择渐入渐出的融合算法或者基于高斯模型的改进方法对东巴古籍图像进行融合。

（二）东巴古籍图像拼接开发平台

本系统是在配置为4.00G内存、主频为3.30GHz的Windows 7的环境下，使用Visual Studio 2013编译工具和C++编程语言进行开发，同时加载了Open CV3.0.0的函数库，界面开发使用QT4.8.4。

Visual Studio是微软公司推出的开发环境，目前最流行的Windows平台应用程序开发环境。在该编程环境当中，可以使用面向对象的程序开发语言C++。虽然Visual Studio 2013功能非常全面，但是为了能够减少在数学计算、基础的图像处理等工作上的时间，选择了Open CV图像处理函数库来做一些基本的图像处理工作。

20世纪末，Intel公司创建了Open CV，其由C/C++语言编写而成，包含了C++在内的很多语言接口，如MATLAB、Python、Java、OCTAVE、CUDA等。另外，Open CV的运行状况不受操作系统种类的影响，所以其可以在Windows、Linux等操作系统中稳定地运行。由于Open CV函数库中包含很多的计算机视觉及图像处理方面的基础算法，且调用便捷，大大提高了图像处理系统开发的效率。

Qt是一种常用的C++图形用户界面应用程序开发框架，它不仅可以应用于GUI程序的开发，还能够开发控制台工具、服务器等非GUI程序。Qt和其他很多图形界面库具有相同的功能，如X Window上的Openwin、Motif、GTK，以及Windows平台上的MFC、OWL、VCL、ATL等图形界面库。Qt作为一种跨平台的面向对象的框架，能够通过特殊的代码生成扩展和一些宏，扩展简单而方便，且允许组件编程。

（三）东巴古籍图像拼接系统设计及实现

1. 图像加载模块设计与实现

东巴古籍图像加载模块是该系统的基础，其设计流程如图3–8所示。

图3–8　东巴古籍图像加载流程

本次实验所用图像都是使用数码相机或手机拍摄的东巴古籍，所采集的东巴古籍图像中包括尺度变换、仿射变换、旋转变换、亮度变化等。图3–9所示是香格里拉县三坝乡政府收藏的东巴古籍藏本的图像。

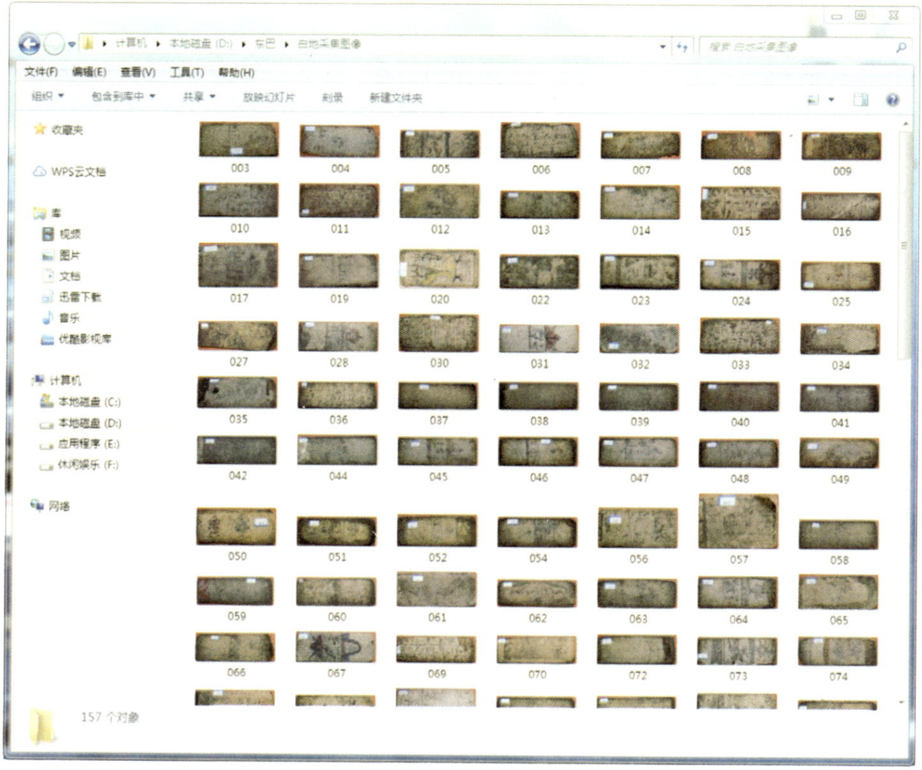

图3-9　白地东巴古籍图像

2. 图像预处理模块设计与实现

图像预处理模块主要有图像灰度化及图像增强两部分，其主要设计流程如图3-10所示。

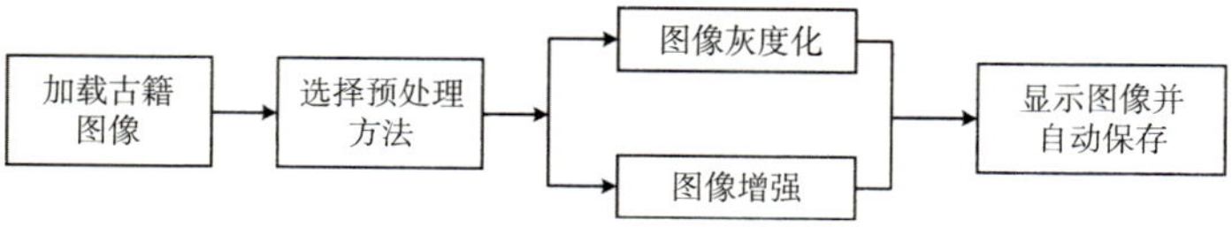

图3-10　图像预处理模块设计流程

东巴古籍图像拼接系统的图像预处理模块中提供了小波阈值滤波、直方图均衡化，以及本文改进的小波变换和模糊集理论相结合的算法供选择，能够对采用了不同的图像增强方法后的图像进行对比，选择经过预处理后效果较优的图像进行接下来的图像匹配与融合。

3. 图像匹配模块设计与实现

图像匹配模块主要分为图像特征点提取及特征点匹配两部分。

（1）特征点提取

首先确定待拼接东巴古籍图像的重叠区域，然后采用SIFT算法在重叠区域内进行特征提取。图3-11为采用SIFT算法进行图像特征提取的流程。

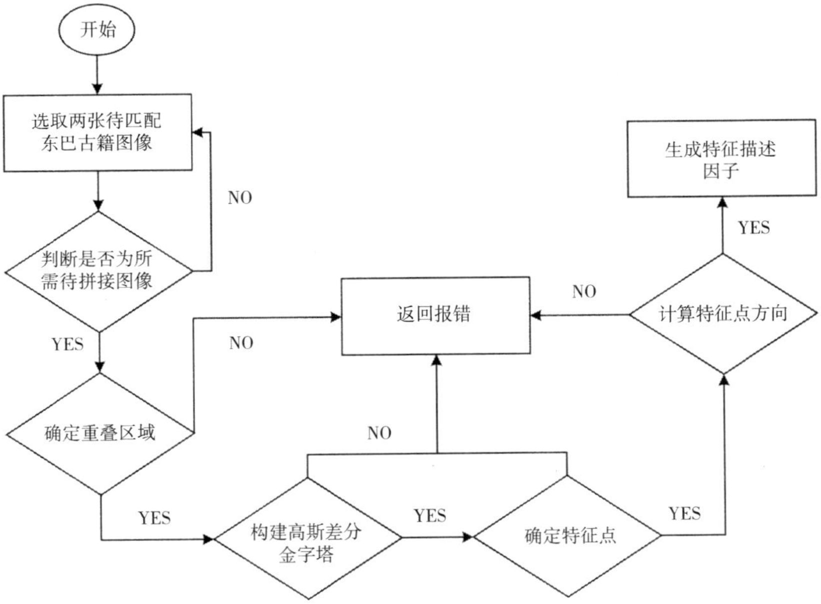

图3-11　特征点提取流程

（2）特征点匹配

特征点匹配的流程是先采用基于BBF的最近邻算法选取有效的特征进行匹配，然后通过RANSAC算法对错误的匹配点进行剔除。图3-12所示为特征点匹配流程，图3-13所示为针对精匹配环节采用的RANSAC算法流程。图像特征点粗匹配与精匹配实验示例如图3-14、图3-15所示。

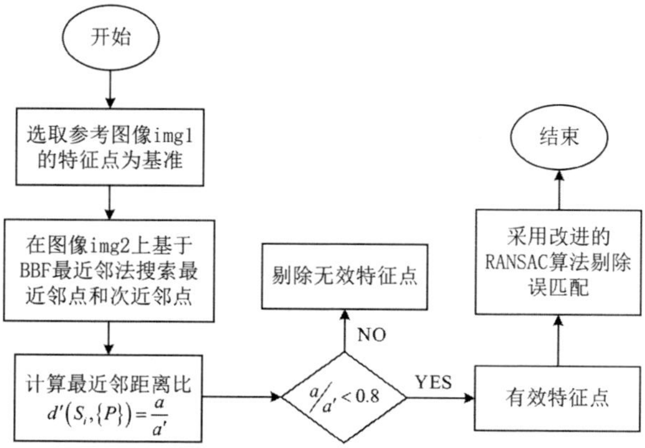

图3-12　特征点匹配流程

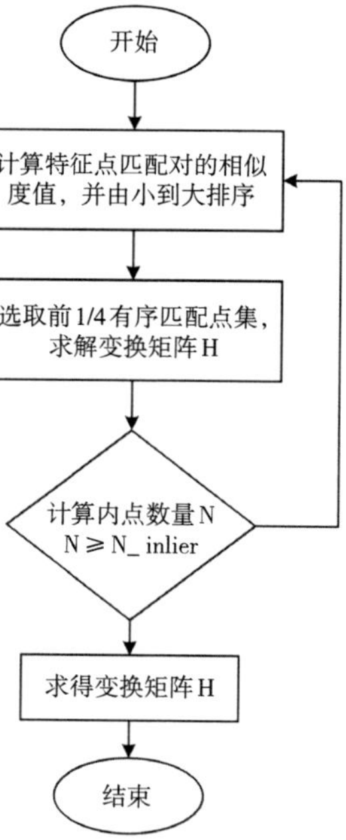

图3-13　改进的RANSAC算法流程

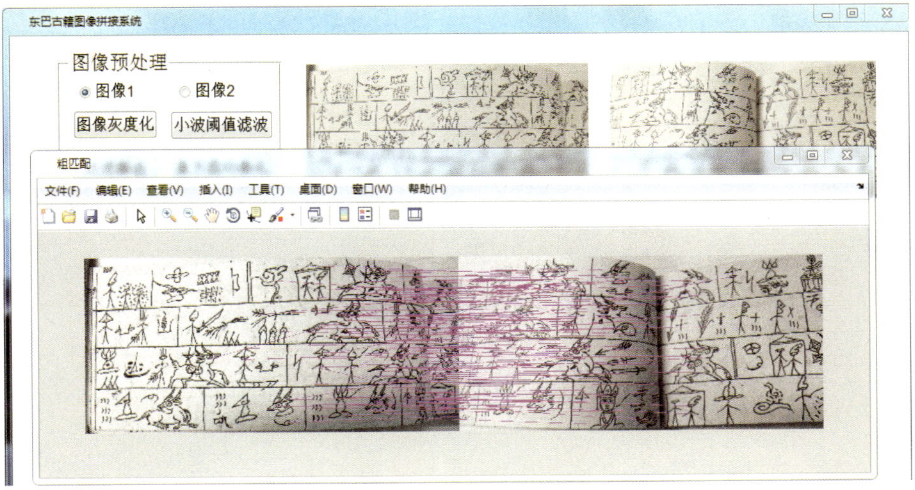

图 3-14　图像特征点粗匹配实验示例

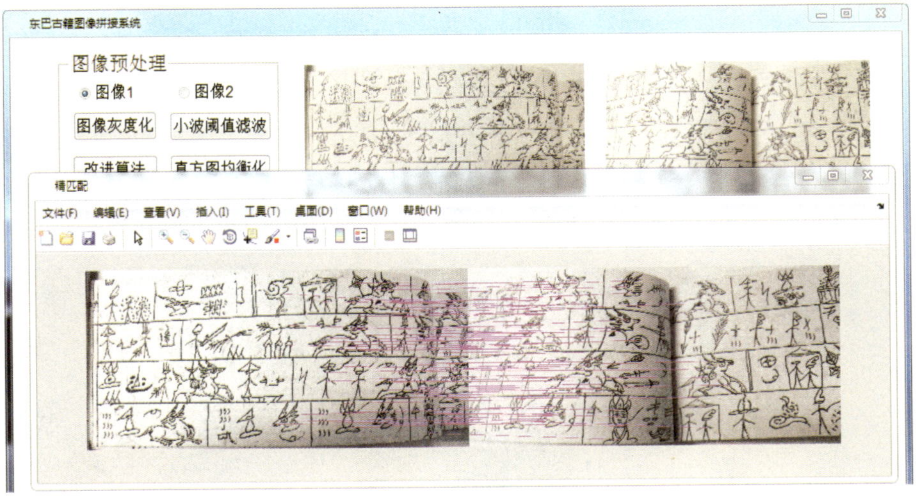

图 3-15　图像特征点精匹配实验示例

4. 图像融合模块设计与实现

图像融合模块根据图像匹配模块确定的匹配模型获得最佳的变换矩阵，确定参考图像与待拼接图像之间的重叠区域，采用基于高斯模型的改进的渐入渐出融合法对图像进行融合。图像融合流程如图3-16所示，图像融合实验示例如图3-17所示。

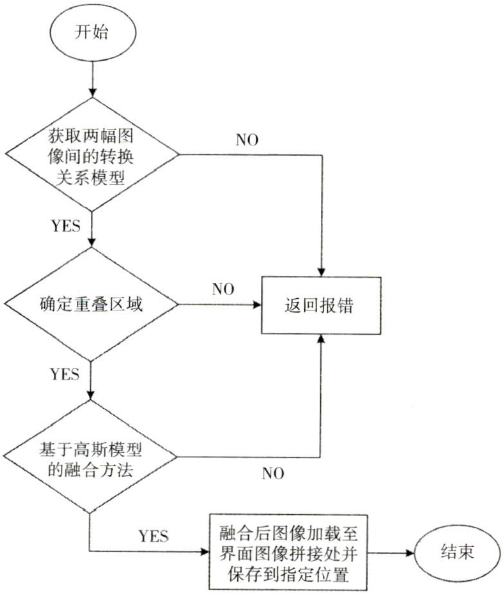

图3-16　图像融合流程

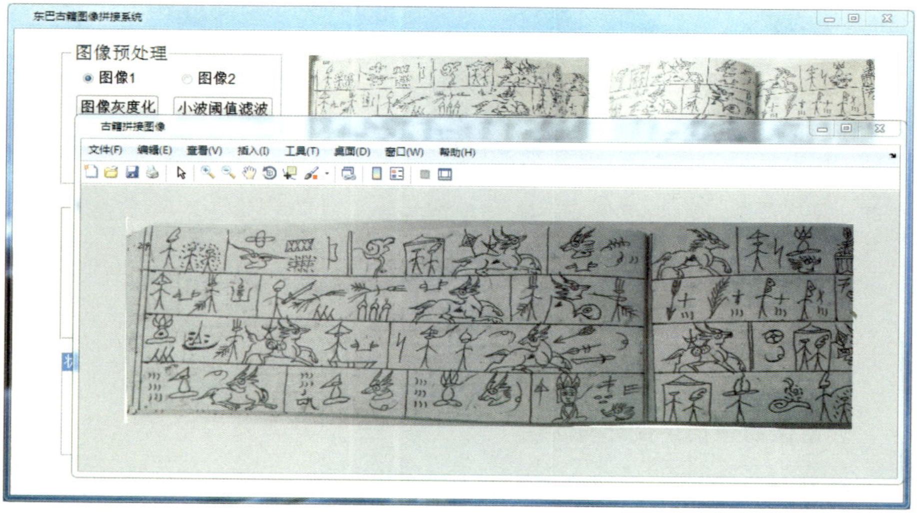

图3-17　图像融合实验示例

三、东巴文本分类方法研究

文本分类是一种有指导的机器学习问题，其本质是集合映射，通过用事先标定好类别的训练集来训练分类器，然后分类器根据文本内容自动将待划分的文本归到所属类别。

（一）东巴文本分类器特点

东巴文本分类是将释读后的东巴经典按其内容进行仪式分类，具体说明如图3–18所示。

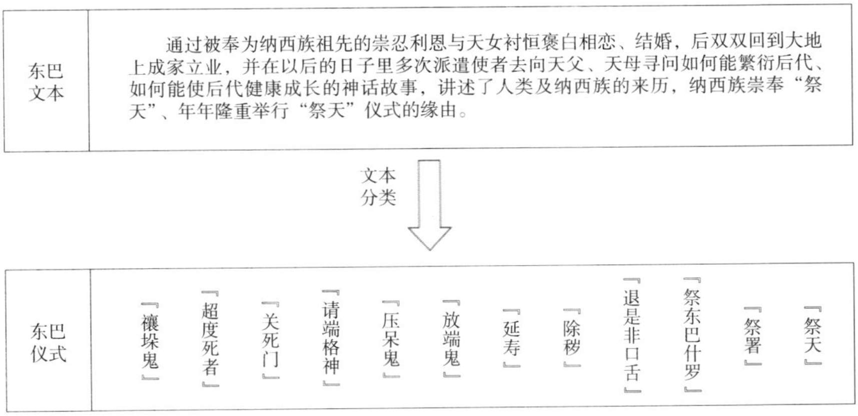

图3–18　东巴文本分类示意

为了尽可能详细地说明一册东巴经的主要内容，被释读后的一篇东巴文本通常由几百字组成，中文分词、经过特征选择的特征项也至少有几十个，因此东巴文本特征空间的维数是较高的，且特征词之间存在一定的关联；除此之外，东巴经的类别有将近20个，上图只列出了一部分，并且有很多从字面上看比较相似的类别，比如“祭天”“祭署”“祭风”等，这对文本分类的方法提出了很高的要求。

在东巴文本分类器的选择方面，类中心分类法算法简单，易于理解，却不能很好地解决样本为非线性且维数很高的分类问题。但是，项目组的研究中内容最少的东巴文本有40个字，最多的有上千字，并且数据集包含七八百篇文本，因此，东巴文本分类突出的特点就是高维数。

朴素贝叶斯方法不易出错，有稳定的分类效率，对数据缺失和不同特点的数据缺少灵敏度，并且该模型成立的前提是属性之间相互独立，这个假设在东巴文本特征项间是不成立的。除此之外，该方法对输入数据的表达形式要求很高，通过先验概率和数据来决定后验概率，从而进行分类，所以分类结果往往不理想。

KNN算法分类机制简单，性能比较稳定，但样本相似性的计算复杂度较高，计算量较大，分类性能易受噪声样本影响。KNN算法在文本分类领域应用广泛，是目前该领域分类效果较理想的算法之一。

支持向量机会同时对经验风险、置信范围的值进行控制，对样本集数量要求较低；线性不可分时，通过将数据映射到维度更高的空间来解决特征项维数过高的问题；根据分类特点，众多核函数可供选择，其性能主要与参数的选择相关。

颜松远在《机器学习理论及应用》一文中认为三种最佳分类方法分别是SVM、KNN和NB，其中NB分类准确率最低，SVM分类准确率最高，KNN分类性能较稳定。因此，此处主要选择KNN和SVM两种方法进行东巴文本分类，并比较其分类性能。

对于支持向量机文本分类，根据经验和众多文献介绍，以RBF为核函数的SVM表现出了很好的性能，其通过参数的选择进行分类的特征使其适用于任意分布的样本，具有较强的学习能力。RBF核函数模型相对比较简单，只需确定一个参数；和多项式核函数相比，其元素值在区间（0，1）上，计算量相对较少；相比于线性核函数，RBF核函数可以处理类标和属性之间的关系。综上，东巴文本的支持向量机分类采用RBF核函数。

（二）东巴经典分类系统特征

为了方便研究学者之间的交流，提高东巴经典信息深入利用的程度，本书对机器学习的文本分类算法进行了研究，同时在课题的支持下开发了东巴经典分类系统。

1. 功能需求

本系统旨在通过对东巴经典编目的文本进行一系列的分析处理。根据实际需要，可选择不同的分类器对东巴经典编目的文本进行仪式的分类，并且能够达到较高的准确率。具体功能需要包含语料库的增减，文本分词、特征项选择，权重计算，生成向量空间模型，训练分类模型，分类。

2. 性能需求

尽量做到安全性高，对不同的用户设置不同的权限，每个模块都能作为独立的可执行程序；运行速度快；稳定性高，在选用不同的操作系统选择不同的分类方法的过程中都能稳定运行；容错性好，具有能够从错误中恢复的能力。

3. 外部需求

具有友好的图形用户界面，便于用户进行操作。

系统中的东巴经典编目文本分词通过调用ICTCLAS工具包完成，并且可以导入经过整理的东巴经典编目文本未登录词。对于涉及的其他技术方法，在大量阅读、学习相关文献的基础上对系统各模块的算法都进行了分析研究，找到了合适的方法：选用CHI统计量进行特征选择，改进传统的TF-IDF函数用于权重计算。在这些理论的基础上，通过借鉴其他相似系统的开发经验，完成该系统的开发。

（三）东巴经典分类系统的体系结构及具体实现

1. 系统的体系结构

该系统的开发基于Microsoft Visual Studio 2010平台，中文分词部分采用ICTCLAS分词包，支持向量机的分类部分采用libSVM软件包。图3-19所示为东巴经典分类过程，主要包括东巴经典分类器的训练和东巴文本分类两部分。

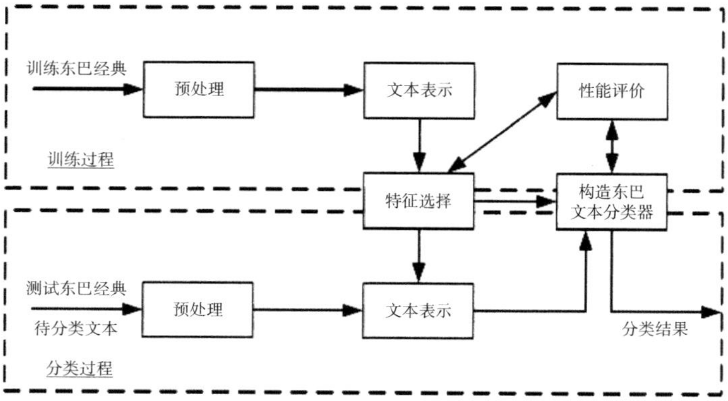

图3-19 东巴经典分类过程

该系统的东巴经典分类操作主要包括以下步骤：

步骤1：读取规范、有效的训练样本集

训练样本的好坏对文本分类的结果有很大的影响，训练样本集应该能够充分代表分类系统处理的各种文本类别中的样本，并且要转化成统一的规范化模式。

步骤2：文本预处理

采用ICTCLAS分词工具并引入东巴文本未登录词，使用新整理的停用词表进行过滤。

步骤3：特征选择

使用CHI特征选择方法选出具有高表达能力的特征项，降低维数。

步骤4：建立东巴文本表示模型

使用向量空间模型表示东巴文本，权重计算采用改进后的TF-IDF-α

函数。

步骤5：构建分类器

可以使用KNN和SVM两种分类方法。

步骤6：性能评估

步骤7：新文本到来，对其进行预处理

步骤8：将新文本表示成向量形式，选择分类模型进行分类

步骤9：评估新文本的分类情况

2. 系统各模块介绍

根据分类流程，东巴经典分类系统主要包含六大模块，如图3-20所示。

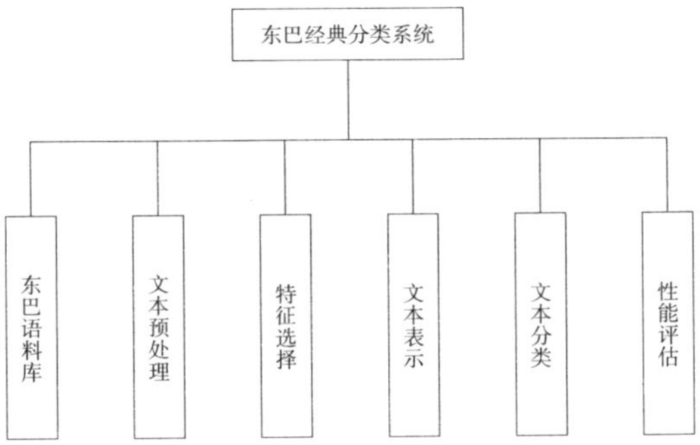

图3-20 东巴文本分类系统模块

为保证系统的安全，使用该系统的用户首先需要进行登录，登录界面如图3-21所示。

图3-21　东巴经典分类系统登录界面

（1）东巴语料库模块

提供良好的数据集是实现东巴经典分类的基础性工作。本书用于东巴经典分类的语料库就是以东巴经典编目为基础，参考其他用于文本分类的语料库的标准进行分类整理而获得的。该模块提供用于东巴经典分类训练和测试的语料集，可经“浏览”按钮由本地添加，可手动对不需要的语料集进行删减、修改等操作。“数据集显示框”会显示所选语料集的“类别”“文件名”“文本标签”和“文本内容”，以供使用者查看，如图3-22所示。

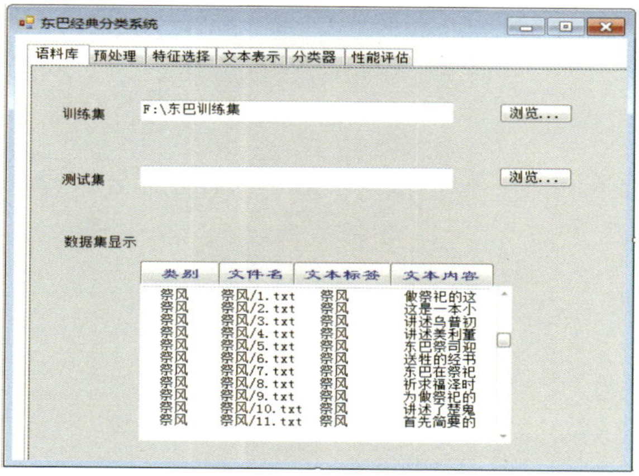

图3-22　东巴经典分类系统语料库模块界面

（2）文本预处理模块

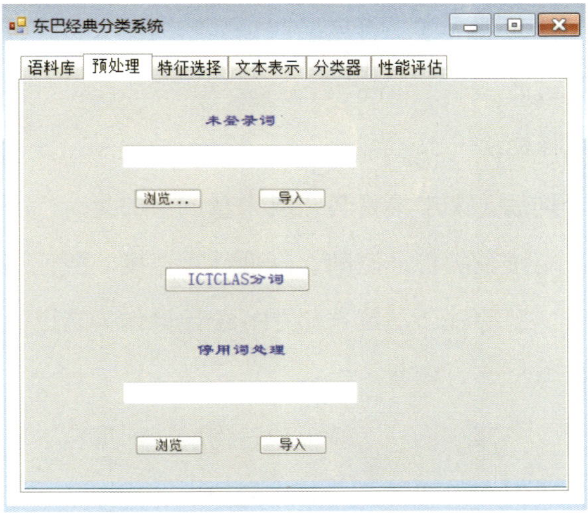

图3-23　东巴经典分类系统预处理模块界面

东巴经典分类系统预处理模块如图3-23所示，该模块主要包括以下三大功能：

① 未登录词补充

由于本书中的分词针对的是东巴经典编目的文本，其中存在很多如“崇忍利恩”“衬恒褒白”这样的专有名词。为解决这一难题，我们整理了东巴经典中常出现的“山”“河”“湖”“海”“人”“神”“鬼”等专有名字，将之作为新词添加到分词字典中，以提高分词的正确率。

② 文本分词

中文分词技术是文本自动分类、数据挖掘等技术实现的基础，中文分词的准确率、速度直接影响着后续工作的进行。对此选用中科院研发的ICTCLAS中文分词系统，该分词系统支持用户自定义词语，可将整理的未登录词导入。

③ 停用词过滤

“停用词过滤”是指将文本分类中几乎不起作用的一些词过滤掉。我们通过综合哈尔滨工业大学、百度、四川大学的三大停用词库，得到了新的停用词表用于过滤。

（3）特征选择模块

经过中文分词后，文本集将转化成大量词语的集合，若这些词都作为特征项，会造成高维数的特征空间，降低计算速度。我们通过对常用的特征选择方法进行实验验证，最终选用CHI统计量作为东巴文本特征选择的方法，具体步骤为：

① 提取训练文本集中的所有特征项，构成特征集合。

② 使用公式计算CHI统计量，并从大到小进行排序。

③ 根据需要选择前K个数值，并将其对应的特征项选出来，保存于feature.txt文件中。

（4）文本表示模块

向量空间模型生成步骤：

① 遍历所有的.txt文本，依次对每个文本分词、去停用词。

② 得到词典和权重矩阵。

③ 将训练集所有的文本文件（词向量）统一到同一个TF-IDF词向量空间中。

在向量空间中，东巴经典编目的文本表示形式如图3-24所示。

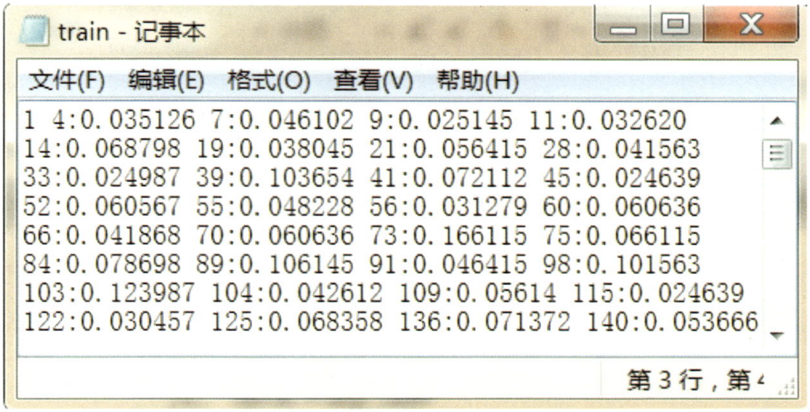

图3-24　东巴经典编目的文本空间向量模型

其表示形式为：

[文本标签][特征项索引1]：[特征向量1][特征项索引2]：[特征向量2]……

其中，文本标签即文本类别。本处与仪式类别相对应的标签为：1.“超度什罗”；2.“除秽”；3.“祭风”；4.“祭天”；5.“禳灾”；6.“延寿”。特征项索引即每个特征项的标号。

以第一行为例进行说明，其中，1表示文本类别，4表示特征项编号，0.035126表示该特征项的权重。

（5）文本分类模块

为了更好地对东巴经典编目的文本进行分类，本系统支持KNN、SVM分类器，用户可以选择不同的分类方法进行分类，分类模块界面如图3-25所示。

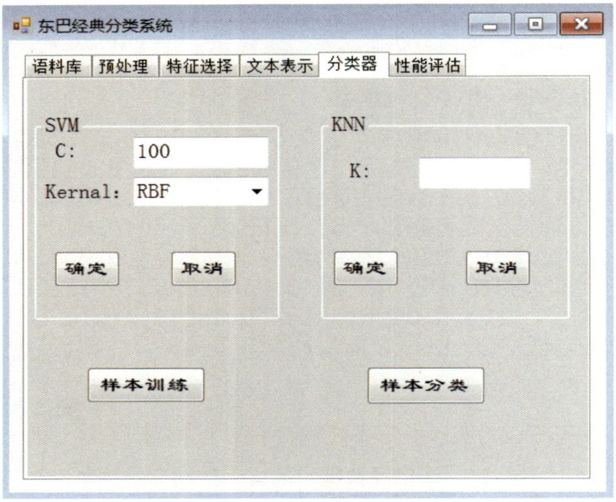

图3-25　东巴经典分类系统分类模块界面

（6）性能评估模块

东巴经典分类系统性能评估模块用于分类器分类性能的评估，如图3-26所示。本系统选用准确率、召回率、F_1三类指标对分类结果进行评价。

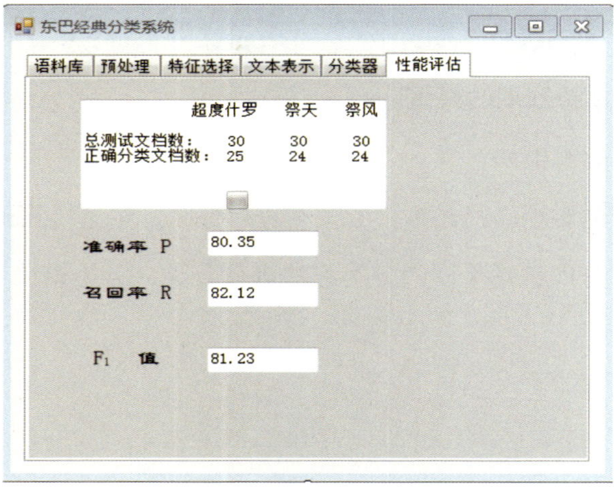

图3-26　东巴经典分类系统性能评估模块界面

（四）东巴经典分类系统具体实验分析结果

1. 文本分类评价指标

目前分类器性能的主要评价指标有准确率（Precision，P，又叫“查准率”）、召回率（Recall，R，又叫“查全率”）和F_1值三种。

准确率：

$$P=\frac{a}{a+b}$$

召回率：

$$R=\frac{a}{a+c}$$

F_1值：

$$F_1=\frac{2RP}{P+R}$$

式中各参数如表3–2所示。

表 3–2　参数说明

	实际属于此类	实际不属于此类
分类器分为属于此类	a	b
分类器分为不属于此类	c	d

2. 实验数据集整理

大量文本组成的集合称为“数据集”，通常由“训练集”和“测试集”两部分组成。训练集用于训练分类模型的文本集合，它通常由格式固定、类别已知的文本组成，并且占整个数据集的大部分，约70%；测试集同样由格式固定、类别已知的文本组成，用于对分类模型进行测试，大概占数据集的30%。

研发本分类系统的目的在于按照仪式对东巴经典编目的文本进行分

类。由于目前并不存在可用的东巴经典编目文本语料集，因此，东巴语料的收集、整理是本工作的一大重点，需要大量的时间、精力来保障获得高质量的数据集。对此，我们以项目组5年来收集、整理的国内外东巴经典编目为基础进行语料库的制作。东巴经典编目如图3–27所示，具体编目来源及数量如表3–3所示。

<table>
<tr><td colspan="2">丽江市东巴文化研究院
东巴经典古籍藏书编号</td><td>DB1-9</td><td>经书
页数</td><td>32页</td><td colspan="2">书写经书东
巴祭师</td><td colspan="2">无</td></tr>
<tr><td colspan="2">收藏时间及历史背景</td><td colspan="7">丽江市东巴文化研究院东巴经典古籍于2003年被联合国教科文组织列为“世界记忆遗产”。</td></tr>
<tr><td rowspan="4">收藏
标签</td><td rowspan="4" colspan="2">无</td><td>书写
区域</td><td colspan="5">丽江</td></tr>
<tr><td rowspan="3">经书
书写
特征</td><td>象形文
（封面）</td><td>象形文
（内容）</td><td>格巴文
（封面）</td><td colspan="2">格巴文
（内容）</td></tr>
<tr><td>√</td><td>√</td><td></td><td colspan="2"></td></tr>
<tr><td colspan="5">封面横版，经书正文四格书写</td></tr>
<tr><td>东巴
经书
封面</td><td colspan="8"></td></tr>
<tr><td rowspan="2">东巴
仪式
名称</td><td>读音</td><td colspan="7">y²¹ py²¹</td></tr>
<tr><td>汉译</td><td colspan="7">祭祖</td></tr>
<tr><td rowspan="2">东巴
经书
名称</td><td>读音</td><td colspan="7">mu³³ dzi³³</td></tr>
<tr><td>汉译</td><td colspan="7">献牲</td></tr>
<tr><td>东巴
经文
内容
提要</td><td colspan="8">此古籍在举行祭祖仪式中，祭献牺牲时诵读。古籍通过恳请历代祖先，包括非正常死亡的祖先亡灵来享祭，追忆、赞颂了先祖的恩德，抒发了对祖先的怀念、感激之情。还指出：若不敬奉祖先，家屋不会宽敞富足；若不敬奉祖先，门庭不会高大发达。福泽吉祥、富裕强盛，要靠祖先来给予。</td></tr>
<tr><td colspan="3">释读东巴：和士成</td><td colspan="3">注音标注：李例芬</td><td colspan="3">编目编辑：夏欣雨　丁春艳</td></tr>
<tr><td colspan="3">课题名称：国家社科基金重大项目
（项目批准号：12&ZD234）
首席专家：徐小力</td><td colspan="3">校译：和发源
编目记录整理：夏欣雨
国际音标录入：夏欣雨</td><td colspan="3">经书数据技术处理：吴国新
编号：研究院
分类整理：丁春艳</td></tr>
<tr><td colspan="3">子课题-2组编目工作</td><td colspan="6">子课题-2负责人：白庚胜</td></tr>
</table>

图3–27　丽江市东巴文化研究院东巴经典编目

表 3–3　东巴经典分类数据集来源及相应数量

编目来源	数量（个）
丽江市东巴文化研究院	235
香格里拉县三坝乡政府	150
北京图书馆	320
法国巴黎语言文化大学	10
法国国家图书馆	5
英国国家图书馆	10
英国曼彻斯特大学图书馆	10
美国哈佛大学燕京学社图书馆	40

分别抽取以上东巴经典藏本编目中的经文内容，按仪式类别保存成.txt文件，形成供本文研究的东巴文本数据集，如图3–28所示。这些编目都是由德高望重的老东巴进行精准释读，而后经国际纳西学学会会长、纳西文化研究专家白庚胜反复修改、更正而得到的，因而十分具有权威性。

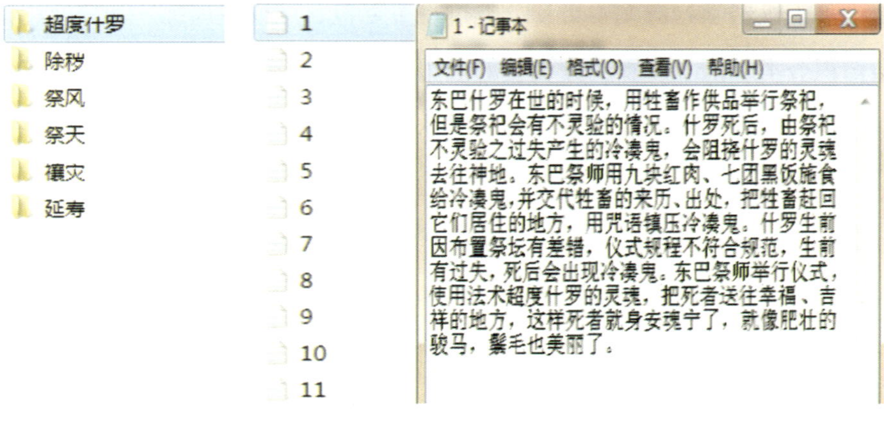

图3–28　东巴文本分类数据集

该数据集共有6个仪式类别，分别是“超度什罗”“除秽”“祭风”“祭天”“禳灾”“延寿”，共780个文档，其中训练集包含600个文本，测试集包含180个文本，具体情况如表3-4所示。文本最大的3KB，最小的1KB，并且大多数为1KB。

表 3-4 东巴经典分类数据集分布

仪式类别	训练集	测试集
“超度什罗”	100	30
“除秽”	100	30
“祭风”	100	30
“祭天”	100	30
“禳灾”	100	30
“延寿”	100	30
合计	600	180

3. 实验结果分析

实验环境：Windows 7，64位操作系统，CPU为Intel（R）Core（TM）Quad CPU Q9400 @2.66HZ，4.00 GB内存。

基于机器学习的文本自动分类过程主要包含“模型训练”和“使用模型知识分类”两个步骤，分类器的选用和参数的设置是文本分类的关键步骤，但文本预处理方法的选用对分类结果也有很大的影响。在前面的章节中，我们依次对文本表示模型、特征选择方法、特征权重计算方法进行了分析和讨论，最后选用文本向量模型进行东巴文本的表示，选CHI统计量进行特征选择，使用改进后的TF-IDF-α 函数进行特征项权值的计算。上一章介绍了4种分类方法，经过分析对比，最终选择使用KNN和SVM两种分类器进行分类。现使用KNN和SVM两种分类方法进行东巴经典的分类实验，并比较其分类结果。

（1）KNN特征维数对分类结果的影响

实验环境：测试集文本数为180。

K值取10。

特征维数分别取50、100、200、400、700、1000。

实验结果：不同特征维数时，KNN分类器的分类结果如表3-5所示，使用准确率P、召回率R和F_1值进行评价。

表3-5　KNN不同特征维数的东巴经典分类结果（%）

特征维数	P	R	F_1
50	50.12	52.06	51.07
100	61.23	63.34	62.27
200	73.64	75.87	74.74
400	63.51	64.95	64.22
700	55.42	57.31	56.35
1000	45.15	47.88	46.47

为了更直观地观察分类结果，我们绘制了KNN分类结果的折线图，如图3-29所示。

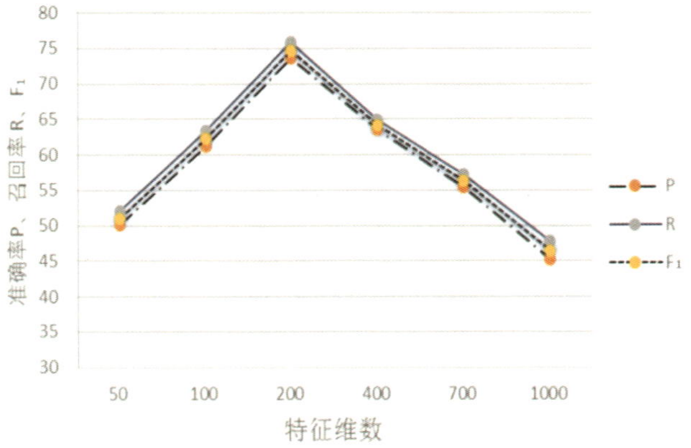

图3-29　KNN不同特征维数的东巴经典分类结果

实验结果分析：

表3–5和图3–29说明，使用CHI统计量选出的特征项维数的多少直接影响着KNN分类器的分类结果，整体趋势是先上升再下降。特征维数取值范围为50到200时，分类结果的准确率、召回率和 F_1 值都呈上升趋势，从50%左右上升到75%左右；取值范围为200到1000时，分类结果呈现下降趋势，准确率最低，跌落到45.15%；当特征维数为200时，分类效果最好，准确率达到73.64%，召回率达到75.87%，F_1 值达到74.74%。综上所述，在使用KNN分类器进行分类时，并不是特征选择的维数越高分类效果就越好，维数过高时，其中可能存在一些对于分类无用的特征项，从而影响真正有用的特征项，导致分类结果不佳。反之，特征项维数过少时，一些比较有区分能力的特征项可能被删除，对分类结果产生不良影响。所以，进行文本分类时，特征维数的选择很重要，需要通过实验分析来选择最佳的维数。在该实验中，我们得出，当实验维数取200时，分类效果最佳。

（2）K值的选取对东巴经典分类结果的影响

实验环境：测试集文本数为180。

特征维数取实验（1）中确定的值200。

K值分别取5、10、20、30、50。

实验结果：K取不同值时，KNN分类器的分类结果如表3–6所示，使用准确率P、召回率R和 F_1 值进行评价。

表 3–6 KNN 不同 K 值的东巴经典分类结果（%）

K值	P	R	F_1
5	65.47	67.06	66.26
10	68.23	70.34	69.25
20	73.64	75.87	74.74
30	70.51	71.85	73.66
50	60.32	63.38	61.81

其对应的折线图如图3–30所示。

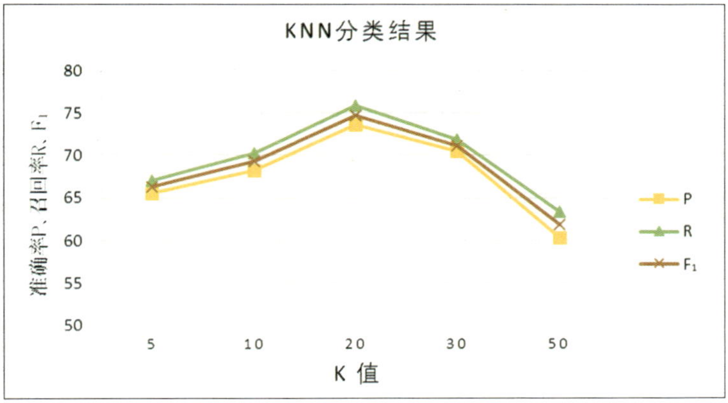

图3–30　KNN不同K值的东巴经典分类结果

实验结果分析：

当特征维数一定时，不同K值对KNN分类器的分类结果影响很大，准确率P、召回率R和F_1值整体均随着K值的增长呈先上升后下降的趋势。本实验中，K值取最小值5时，准确率较低，只有65%左右；之后随着K值的增长，准确率增长明显，在K值取20时，达到最大值73.64%；随着K值的继续增大，准确率比较缓慢地下降，当K值由30上升到50时，准确率下降得比较明显，最后准确率只有60%左右。

通过该实验，我们得出，当特征维数为200时、K值取20时，分类效果最佳。

（3）东巴经典编目文本不同仪式类别的KNN分类实验

实验环境：测试集文本数为180。

特征维数取实验（1）中确定的值200。

K值取实验（2）中确定的值20。

实验结果：KNN分类器的分类结果如表3–7所示，其对应的折线图如

图3-31所示。

表3-7 东巴经典编目文本不同仪式类别的分类数据集分布（%）

仪式类别	P	R	F_1
“超度什罗”	73.46	75.07	74.26
“除秽”	76.91	79.58	78.22
“祭风”	69.87	73.15	71.47
“祭天”	74.88	75.86	75.37
“禳灾”	76.86	78.59	77.72
“延寿”	69.92	72.84	71.35

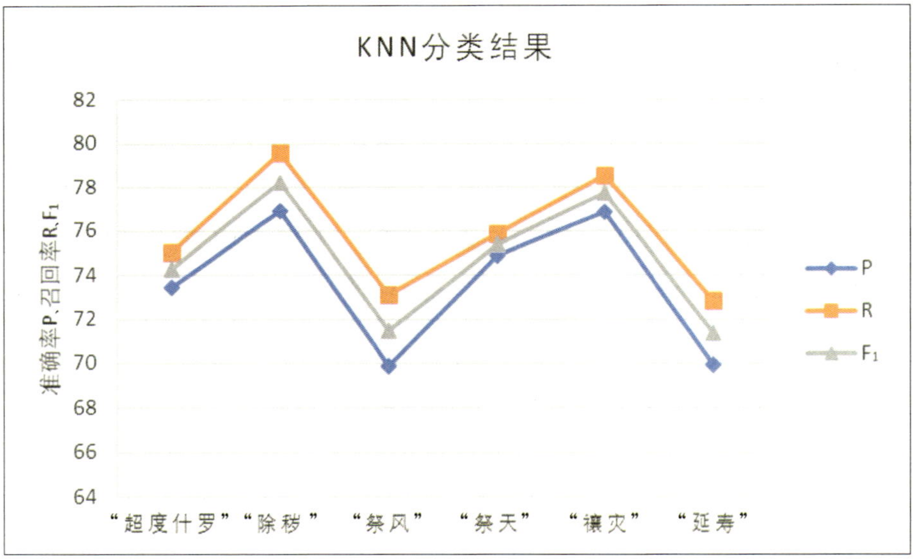

图3-31 东巴经典编目文本不同仪式类别的KNN分类结果

实验结果分析：

本实验采用实验（1）、实验（2）确定的最佳特征维数和K值对东巴经典编目文本进行仪式的分类。从图标中可以清晰地看出，不同仪式类别的测试集分类结果差别很大："超度什罗""祭风"和"延寿"三个仪式类别的准确率偏低，其中"祭风"和"延寿"的准确率低于70%。"除秽"和"禳灾"的分类结果比较不错，其中"除秽"类别的召回率最高，为将近80%。造成该分类结果的原因可能是"超度什罗""祭风"和"延寿"三个仪式的部分文本内容很少，造成提取到的有效特征项较少，直接影响分类结果。

（4）SVM核函数参数对东巴经典编目文本分类结果的影响

实验环境：测试集文本数为180。

经分析确定使用核函数为RBF的SVM分类法。

误差惩罚参数C使用默认值1。

RBF核参数分别取0.1、1.6、6.4。

实验结果：不同RBF核参数下的SVM东巴经典编目文本分类结果如表3-8所示。

表3-8　不同RBF核参数下的SVM东巴经典编目文本分类结果（%）

仪式类别	RBF核参数	P	R	F_1
"超度什罗"	0.1	78.32	80.83	79.56
"除秽"		79.26	81.83	80.52
"祭风"		78.32	79.21	78.76
"祭天"		82.52	85.23	83.85
"禳灾"		80.83	82.14	81.48
"延寿"		80.06	81.69	80.87
"超度什罗"	1.6	83.23	85.23	84.22
"除秽"		87.97	89.48	88.72
"祭风"		84.45	86.04	85.24
"祭天"		85.75	87.04	86.39
"禳灾"		86.46	88.07	87.26
"延寿"		85.86	87.49	86.67

续表

仪式类别	RBF核参数	P	R	F_1
“超度什罗”	6.4	82.95	83.03	82.99
“除秽”		86.96	88.95	87.94
“祭风”		85.02	86.69	85.85
“祭天”		84.02	86.35	85.17
“禳灾”		86.11	88.21	87.15
“延寿”		84.34	86.08	85.20

实验结果分析：

经上表可知，当RBF核参数取值1.6时，分类效果最佳，准确率、召回率、F_1值都基本达到了最大值，其中“除秽”仪式的分类效果最好，准确率为87.97%，召回率为89.48%，F_1值为88.72%，且各仪式的分类结果相差不大；当RBF核参数取值6.4时，分类结果和RBF核参数取值1.6时差别不是很大，但总体上还是RBF核参数取值1.6时效果最好；当RBF核参数取值0.1时，分类效果最差，准确率、召回率、F_1都较低，徘徊在80%左右。

（5）SVM惩罚因子对东巴经典编目文本分类结果的影响

实验环境：测试集文本数为180。

使用核函数为RBF的SVM分类法。

经上一实验确定RBF核参数取1.6。

误差惩罚参数C使用默认值1。

实验结果：不同惩罚参数下的SVM东巴经典编目文本分类结果如表3-9所示。

表 3–9　不同惩罚参数下的 SVM 东巴经典编目文本分类结果（%）

仪式类别	C	P	R	F_1
"超度什罗"	1	83.23	85.23	84.22
"除秽"		87.97	89.48	88.72
"祭风"		84.45	86.04	85.24
"祭天"		85.75	87.04	86.39
"禳灾"		86.46	88.07	87.26
"延寿"		85.86	87.49	86.67
"超度什罗"	100	87.36	89.03	88.19
"除秽"		90.26	92.56	91.40
"祭风"		87.21	89.47	88.33
"祭天"		86.98	89.76	88.35
"禳灾"		89.54	92.32	90.91
"延寿"		89.25	91.64	90.43
"超度什罗"	1000	86.35	88.88	87.60
"除秽"		89.94	91.98	90.95
"祭风"		87.01	88.78	87.89
"祭天"		86.25	89.21	87.71
"禳灾"		89.48	91.74	90.60
"延寿"		88.96	90.01	89.48

实验结果分析：

当惩罚参数取值100时，分类效果最佳，准确率、召回率、F_1值最高可分别达到90.26%、92.56%、91.40%；当惩罚参数取值1000时，准确率、召回率、F_1值略有降低，但相差无几；当惩罚参数取值1时，分类效果较差，准确率只有85%左右。由该实验可知，C不能过大或过小。C太小，说明对误差的容忍度太高，会出现欠拟合情况；C太大，说明对误差的容忍度太低，容易出现过拟合情况。因此，在使用支持向量机进行分类时，要选择合适的C值以获得最佳的分类效果。

（6）KNN、SVM东巴经典编目文本分类结果比较

分别选取KNN、SVM分类效果最好的一组进行对比。由于F_1值综合了准确率和召回率，因此以F_1值作为评价指标，分类比较结果如图3–32所示。

KNN分类效果最好的参数取值：K值取20，特征维数为200。

SVM分类效果最好的参数取值：RBF核参数取值1.6，惩罚参数取值100。

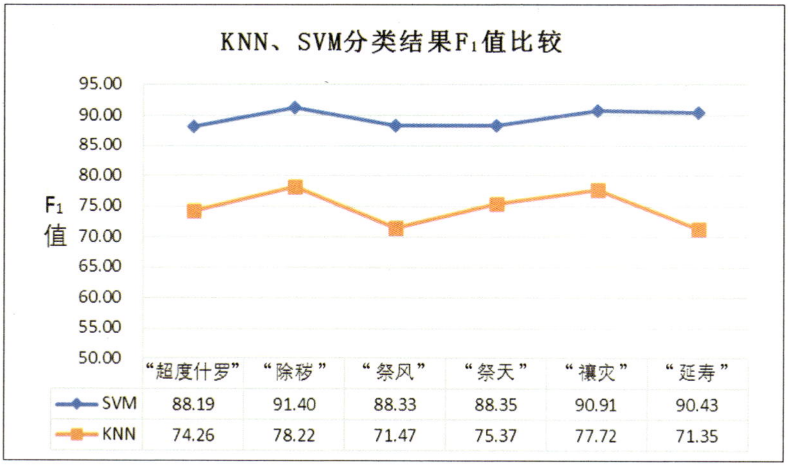

图3–32　KNN、SVM分类结果F_1值比较

由上图可知，SVM分类结果的正确性均高于KNN，KNN分类结果的最高F_1值仅为77.72%，而SVM分类结果的最高F_1值为91.40%，存在很大的差距。另外，使用KNN分类器时，不同仪式类别的分类结果差别很大，最大值与最小值相差约6百分点，而SVM不同仪式类别间的分类结果基本持平，最高相差不到2百分点。

综上所述，使用以RBF为核函数的支持向量机对东巴经典编目文本的分类要优于KNN分类方法。

四、东巴文献信息描述的元数据规范体系研究

项目组按计划开展了东巴古籍的数字化加工、信息检索与信息传播研究工作，参考《古籍元数据规范》等十多种面向著录对象的元数据规范提出并制定了东巴古籍信息描述的元数据规范体系，开发了数字化元数据标注实例，研究并提出了标准化的信息共享接口。

通过与国内外同行沟通及合作，建立了东巴古籍的语义描述方法，整理、归纳现有资料，参考古籍元数据规范和国内外通用的元数据标准，设计、开发了东巴古籍元数据规范。该规范以古籍作为根节点，涵盖了纸质古籍、扫描古籍、古籍录音、古籍录像四种资源类型。原始材料经过标注，即可实现计算机系统对其语义的自动识别和处理。

东巴古籍元数据规范的设计遵循专门的元数据规范的设计原则，即具有简单性与准确性、专指度与通用性、互操作性与易转换性、可扩展性，并能够满足用户的需求。东巴古籍元数据规范的“简单性”主要指设计的东巴古籍元数据规范在著录实践的过程中应当易于掌握，“准确性”可以提高检索东巴古籍编目的准确度和精度，“专指度”指根据具体的资源实体需求来确定相应的元数据规范，“通用性”则要求元数据规范在一定范围内通用。项目组参照《中国少数民族古籍总目提要（纳西卷）》（简称《总目提要》）、《纳西东巴古籍译注全集（100卷）》（简称《译注全集》）等东巴少数民族古籍对元数据规范进行设计，以求在东巴古籍领域内达到通用。元数据的“互操作性”指数据能够在不同的系统之间进行共享的特性，以保证元数据在为自身提供服务的同时也能被其他组织或机构建立的应用系统操作。这就要求设计的元数据规范需要满足东巴古籍资源库的共享要求。在设计东巴古籍元数据规范时，项目组慎重考虑了元数据规范中的元素及属性的定义，参考了国内的《专门元数据规范设计指南》《古籍元数

据规范》及国际上广为使用的Dublin Core元素集。元数据规范的“可扩展性”指的是可以根据用户的具体应用需求扩充自定义的元素或属性。在制定东巴古籍元数据规范时，针对项目组采集的东巴古籍编目文件特征，增加了相应的元素及属性。

（一）东巴古籍的数字化加工研究

项目组提出了东巴古籍、相关文献的数字化加工和信息提取，以及非结构化信息存储和检索的实现方式，在对数字版《纳西东巴古籍译注全集（100卷）》和《中国少数民族古籍总目提要（纳西卷）》进行数据加工和信息提取的过程中实现了数字化元数据的存储及检索。

1. 东巴古籍的数字化加工与信息提取

东巴古籍的数字化过程主要是：首先将纸质书籍《总目提要》扫描成图片并存储为PDF格式的文件；然后通过OCR得到文本文件和图片文件，其中文本文件中包含汉文标题、东巴文标题、古籍书目等，图片文件中包含象形文字，如图3–33所示；然后对提取的文本文件进行校对，去除错误；最后采用基于正则表达式模板的信息抽取方法，将文本数据抽取成半结构化的XML文件，如图3–34至图3–36所示。

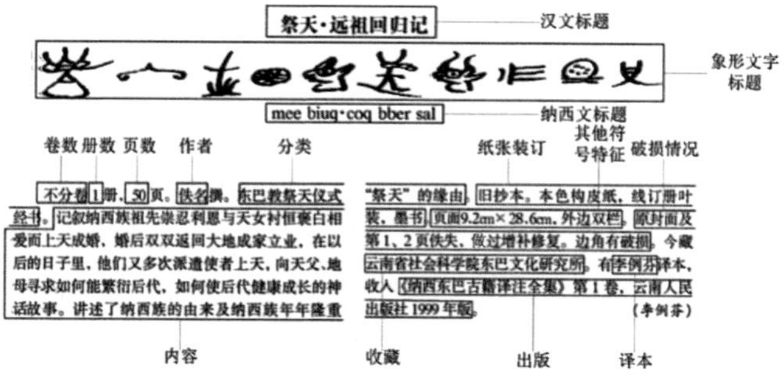

图3–33 被提取信息后的《总目提要》

```
<db:纸质古籍>
  <db:题名>
    <db:读音>mee biuq·coq bber sal</db:读音>
    <db:汉译>祭天·远祖回归记</db:汉译>
  </db:题名>
  <db:主要责任者>
    <db:编目编辑/>
  <db:日期>
    <db:采集日期/>
  </db:日期>
  <db:附注>
    <db:内容提要>记叙……的缘由</db:内容提要>
    <db:经书卷数>不分卷</db:经书卷数>
    <db:经书册数>1</db:经书册数>
    <db:经书页数>50</db:经书页数>
    <db:纸张装订>旧抄本。本色构皮纸，线订册叶装，墨书</db:纸张装订>
    <db:破损情况>原封面及第1、2页佚失，做过增补修复。边角有破损</db:破损情况>
    <db:收藏者标签>无</db:收藏者标签>
    <db:经书其他符号特征>页面9.2cm×28.6cm，外边双栏</db:经书其他符号特征>
  </db:附注>
  <db:相关资源/>
  <db:主题>
    <db:东巴仪式>
      <db:仪式类别>祈福延寿类</db:仪式类别>
      <db:东巴仪式名称读音/>
      <db:东巴仪式名称汉译>东巴教祭天仪式经书</db:东巴仪式名称汉译>
    </db:东巴仪式>
  </db:主题>
  <db:资源类型>东巴经古籍</db:资源类型>
  <db:时空范围>
    <db:书写区域>未知</db:书写区域>
  </db:时空范围>
  <db:语种>东巴文</db:语种>
  <db:标识符/>
  <db:权限>公开</db:权限>
  <db:馆藏信息>
    <db:机构名称>云南省社会科学院东巴文化研究所</db:机构名称>
    <db:机构代码/>
    <db:典藏号/>
  </db:馆藏信息>
</db:纸质古籍>
```

图3-34　半结构化的XML文件

《译注全集》在被进行信息抽取前的初始文件类型为PS2，是经过方正书版软件进行排版后的输出文件，可用方正PSP Pro软件预览。其中包含中文与纳西文的古籍题目、主要责任者、中文与英文内容提要、古籍释读与翻译等内容，以便抽取其中的古籍元数据信息分析其原始文本，抽取方法与《总目提要》类似。

```
〖BFQ〗〖BW((X·‥)〗〖CDF43〗〖BW)〗〖TP5J5C00·+49.8mm◦155mm·BP〗
〖JZ(〗〖HT2SS〗e d g · e ::e p ::
〖HT3SS〗释读：和开祥　翻译：李静生　校译：王世英〖JZ)〗
〖LM〗〖SM(〗纳西东巴古籍译注全集·第5卷〖SM)〗〖DM(〗祭署·署的来历〖DM)〗
〖JZ(〗〖HT3H〗祭署·署的来历
〖HT4H〗【内容提要】〖JZ)〗〖HT4"SS〗
本书述署的出处与来历。在美利达吉神海里，由一棵细如头发丝的树作变化，产生了
一个金黄色的蛋。由这蛋作变化，产生了金黄色的大蛙。大蛙产下白、绿、黑、黄、
花五种颜色的蛋。由这些蛋孵化出东南西北中各地各方的署。书中申明作仪人家没有
与署作对，没有杀署家的动物，没有砍署家的森林。虽然这样，但署仍会让主人家不
顺利，所以要作仪式，给署许多财物以求平安。
〖JZ(〗〖WT3HZ〗 〖WT3HX〗Shu〖WT3HZ〗-Worshipping Rite
Origin of the 〖WT3HX〗Shu〖WT3HZ〗〖JZ)〗
Synopsis 〖WT4"BZ〗
In this scripture accounts are given of the origin of the 〖WT4"BX〗
Shu 〖WT4"BZ〗 In the Meilidaji Sea, a tiny tree as thin as a hair
transformed itself into a golden egg, which when hatched became a giant
golden frog. The frog laid eggs of various colors, out of which were
hatched the〖WT4"BX〗 Shu〖WT4"BZ〗 of all places and directions. The
rite-performing family, the scripture emphasizes, have never done anything
against the〖WT4"BX〗 Shu.〖WT4"BZ〗 They have never killed〖WT4"BX〗
Shu's〖WT4"BZ〗 animals nor cut trees from 〖WT4"BX〗Shu's〖WT4"BZ〗
forest. In spite of all this, the 〖WT4"BX〗Shu〖WT4"BZ〗 may also set
themselves against the rite-performing family, so the family must make
offerings to them in order to have peace.
〖LM〗〖HT5SS〗
〖TP5J5C01·+49.8mm◦155mm·BP〗
[JP6]┌┐a::　la::　ma　e ::　i:: ,　e　ne　l　n :: e
• ::　le::　•　::,　e ┌┐
 啊　也　不　说　日　署　与　龙　由　署　狗
又　放　署┌┐
……
┌┐[JP]\A\A\A\A很古的时候，署与龙会来放署的狗、署的马，……┌┐
```

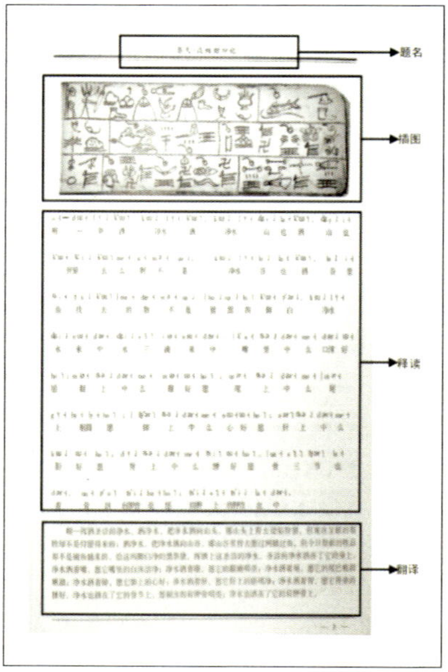

图3-35 《译注全集》原始形式


```
<db Manuscript xmlns db="http //documentary.schemas.cn/dongba/2014">
    <db DongbaManuscript>
        <db Title>
            <db Title-Pronunciation>ʂɚ˧ dɯ˧ ɡɚ˧ ·ʂɚ˧ t ·ʂ˧ ʂɚ˧ pɯ˥ </db Title-Pronunciation>
            <db Title-English-Translation>Shu-Worshipping RiteOrigin of the Shu</db Title-English-Translation>
            <db Title-Chinese-Translation>祭署·署的来历</db Title-Chinese-Translation>
        </db Title>
        <db Contributor>
            <db Interpretation-Editor>He Kaixiang</db Interpretation-Editor>
            <db Translator>Li Lifen</db Translator>
            <db Proofreading-Editor>He Fayuan</db Proofreading-Editor>
        </db Contributor>
        <db Annotations>
            <db Abstract>
            本书述署的出处与来历。在美利达吉神海里，由一棵细如头发丝的树作变化，产生了一个金黄色的蛋。由这蛋作变化，
            产生了金黄色的大蛙。大蛙产下白、绿、黑、黄、花五种颜色的蛋。由这些蛋孵化出东南西北中各地各方的署。书中申明作仪人家没
            有与署作对，没有杀署家的动物，没有砍署家的森林。虽然这样，但署仍会让主人家不顺利，所以要作仪式，给署许多财物以求平安。
            </db Abstract>
            <db English-Abstract>
            In this scripture accounts are given of the origin of the Shu In the Meilidaji Sea, a tiny tree as thin as
            a hair transformed itself into a golden egg.which when hatched became a giant golden frog. The frog laid eggs
            of various colors,out of which were hatched the Shu of all places and directions. The rite-performing family,
            the scripture emphasizes, have never done anything against the Shu. They have never killed Shu's animals nor
            cut trees from Shu's forest. In spite of all this, the Shu may also set themselves against the
            rite-performing family, so the family must make offerings to them in order to have peace.
            </db English-Abstract>
            <db Dongba-Manuscript-Cover>5J5C00</db Dongba-Manuscript-Cover>
        </db Annotations>
        <db Related>
            <db Manuscript-Translates>
                <db Figure>5J5C01</db Figure>
                <db Interpretation>
                a˧˧ la˧˧ ma˧˧ ʂer˥ ɳi˧˧ , ʂɚ˧ ne˧ lɚ˧ ɳɯ˧˧ ʂɚ˧ k'ɯ˧˧ le˧˧ k'ɯ˥, ʂɚ
                啊 也 不 说 日 署 与 龙 由 署 狗 又 放 署 … …
                </db Interpretation>
                <db Tranlation>很古的时候，署与龙会来放署的狗、署的马，… …</db Tranlation>
            </db Manuscript-Translates>
                ……
        </db Related>
        <db Subject>
            <db Dongba-Ritual>
                <db Ritual-Category>祭署仪式</db Ritual-Category>
                <db Ritual-Name-Pronunciation>ʂɚ˧ dɯ˧ ɡɚ˧ </db Ritual-Name-Pronunciation>
                <db Ritual-Name-Chinese-Translation>祭署</db Ritual-Name-Chinese-Translation>
            </db Dongba-Ritual>
        </db Subject>
        <db Type>Dongba classics books</db Type>
        <db Language>Dongba language</db Language>
        <db Right>Open</db Right>
    </db DongbaManuscript>
    <db DongbaManuscript>… …</db DongbaManuscript>
    … …
</db Manuscript>
```


图3-36 被提取信息后的《译注全集》

经过信息提取后得到的来自《总目提要》和《译注全集》的数字资源总数如表3–10所示。

表 3–10 《总目提要》和《译注全集》的数字资源总数

东巴古籍书名	XML数据（单位：条）	图片数据（单位：个）
总目提要	1372	1371
译注全集	2268	22270

2. 东巴古籍的非结构化信息存储及检索

东巴古籍编目管理系统应该支持古籍的结构化查询，并且支持东巴古籍中经常出现的东巴象形文字、纳西文字、国际音标等特殊内容。eXist是一种开源的原生XML数据库管理系统，支持标准的XQuery查询语言，可以实现自动索引、全文搜索，并且能够与现有的XML开发工具紧密集成，有利于系统的开发与维护。本项目因此选用eXist作为存储古籍编目的数据库管理系统。将不同类别的东巴古籍书目资料分别存储在eXist数据库不同的文件夹中，可实现不同古籍的分别管理与检索，以提高管理与检索的效率。东巴古籍资源库中共有三个文件夹，分别用来存储《总目提要》古籍数据、《译注全集》古籍数据及管理系统的用户信息。

古籍编目管理系统可以分为古籍管理子系统和用户管理子系统。古籍管理子系统主要针对古籍进行操作，具有文件上传、单条文件添加、文件检索（简单检索和高级检索）、删除、更新等功能；用户管理子系统主要对管理员用户的账号进行管理，具有添加管理员账户、冻结账户、查看登录用户上传的资源等功能。该系统对不同的用户进行控制，以保证系统的安全。

（二）东巴古籍网络信息化关键技术研究

项目组提出面向东巴古籍的数字信息的互操作网络协议，基于Web服务的东巴古籍数字资源远程访问，相关学术资源的联机分析、统计及可视化呈现，基于检索条件的内容重组与分发（包括声、图、文、像等媒体）等信息处理方法及关键技术。

1. 东巴古籍网络信息处理系统构成

项目组为了实现东巴古籍数字资源的共享，基于B/S架构建设成“东巴文化数字化信息处理系统”，对东巴古籍的数字资源进行检索、浏览，包括东巴古籍图片、纳西文与汉语翻译、古籍释读视频等。东巴古籍网络信息处理系统为用户提供了三种检索方式，分别是关键词检索、多条件检索和XQuery查询语句检索。上述三种检索方式可较好地满足用户的多方面检索需求，如图3-37、图3-38所示。

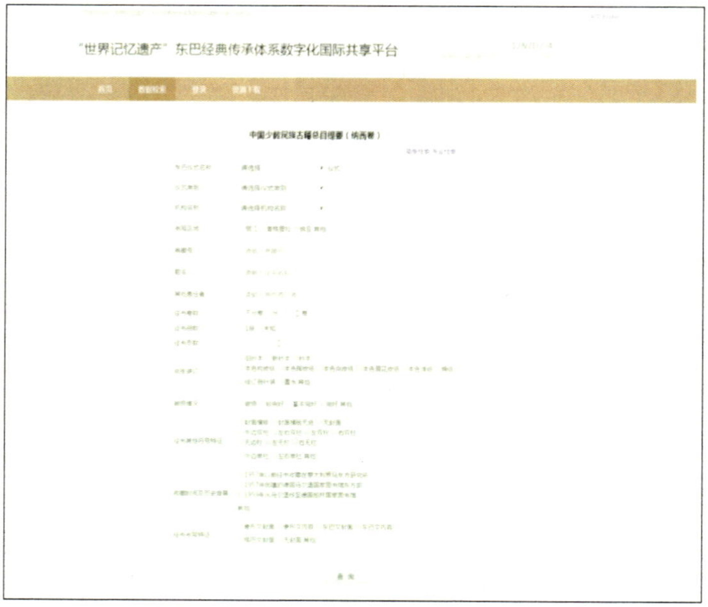

图3-37　多条件检索界面

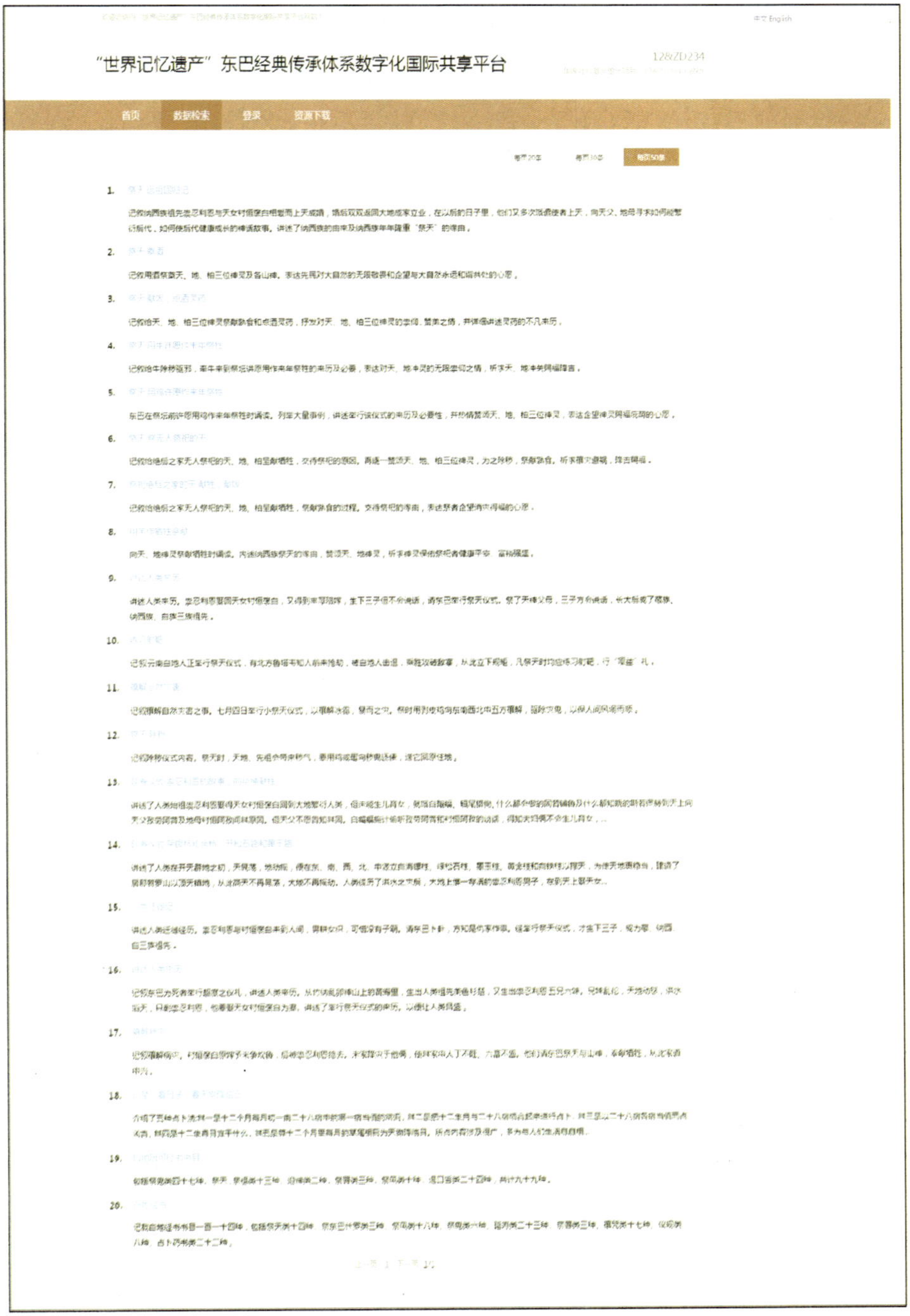

图3-38　返回的检索结果

2. 信息互操作的网络协议研究

为了达到更好的共享效果，以方便东巴古籍资源的国际化共享，项目组还设计了基于Web服务的互操作协议，用户可以按照该协议，通过编写程序获取东巴古籍数据，实现与其他数字资源库之间的通信；还采用了OAI-PMH协议作为东巴古籍数字资源库的网络访问协议，如图3-39所示。Open Archives Initiative（以下简称OAI）组织于2001年1月发布了OAI元数据获取协议（Open Archives Initiative Protocol for Metadata Harvesting，以下简称OAI-PMH），为网络上元数据的互操作问题提供了一种解决方案。通过OAI-PMH协议，用户获取数字资源不再受系统平台、应用程序、学科领域等的限制。


```xml
<?xml version="1.0" encoding="UTF-8"?>
<OAI-PMH xmlns="http://www.openarchives.org/OAI/2.0/"
  xmlns:xsi="http://www.w3.org/2001/XMLSchema-instance"
  xsi:schemaLocation="http://www.openarchives.org/OAI/2.0/ http://www.openarchives.org/OAI/2.0/OAI-PMH.xsd">
  <responseDate>2017-03-24T07:35:53Z</responseDate>
  <request verb="ListIdentifiers" from=" " metadataPrefix="oai_dc" set=" "
    >http://localhost:8080/dongba-xml</request>
  <ListIdentifiers>
    <header>
      <identifier>8b6c703a81e44a7081ecc22d94148125</identifier>
      <title>祭天·远祖回归记/title>

<abstract>记叙纳西族祖先崇忍利恩与天女衬恒褒白相爱而上天成婚，婚后双双返回大地成家立业，在以后的日子里，他们又多次派遣使者上天，向天父、地母寻求如何能繁衍后代、如何使后代健康成长的神话故事。讲述了纳西族的由来及纳西族年年隆重“祭天”的缘由/
abstract>
    </header>
    <header>
      <identifier>da8ac664b5964a3bbb17a9130832b8d7</identifier>
      <title>祭天·奠酒/title>
      <abstract>记叙用酒祭奠天、地、柏三位神灵及各山神。表达先民对大自然的无限敬畏和企望与大自然永远和谐共处的心愿/
abstract>
    </header>
      ……
      ……
      ……
    <header>
      <identifier>29720ce600b44db4852742becb559f6d</identifier>
      <title>超度什罗仪式·厅罗昌咒语，头本/title>
      <abstract>是一本咒语，现只能按字读其音，不知其义/abstract>
    </header>
    <header>
      <identifier>f4d70a02df0641cd84fd79d24a3deced</identifier>
      <title>超度什罗仪式·厅罗昌咒语，中本/title>
      <abstract>是一本咒语，现只能按字读其音，不知其义/abstract>
    </header>
    <resumptionToken completeListSize="1372" cursor="0">p2XHKg</resumptionToken>
  </ListIdentifiers>
</OAI-PMH>
```


图3-39 通过扩展OAI-PMH协议返回的查询结果

OAI-PMH协议使用Internet和Metadata两种技术，实现了基于元数据获取的互操作框架。它定义了数据提供者和服务提供者两种角色，前者负责建立并维护元数据，后者则通过OAI-PMH协议从前者那里获取元数据，并将获得的元数据进行加工后对外提供服务。OAI-PMH协议已广泛应用于资源元数据的收割；同时，采用被广泛支持的HTTP及XML开放性标准，不仅解决了OAI-PMH协议的跨平台、跨应用及兼容性问题，也确保了OAI-PMH协议的开放性原则。

OAI-PMH协议本身还在不断完善中，它只定义了关键词查询，提供了六个命令动词，其命令动词的参数少且简单，不能够高效、准确地检索到所需的数据。针对东巴古籍数字资源库的特征，本课题对OAI-PMH协议的命令动词进行了扩展。由于本课题使用XML数据库存储古籍数据，其查询语言是W3C制定的标准的XML查询语言XQuery，为使用户高效、精确地检索到所需的古籍记录，我们在OAI-PMH协议中增加了XQuery查询动词，增强了OAI-PMH协议的信息访问能力。

3. 东巴文化学术资源的信息挖掘与可视化研究

为了全面展示东巴文化学术研究的成果，我们借助Apache Nutch等工具抓取网页，对东巴文化学术研究的成果进行分析，再借助Lucene建立分类索引以实现统计结果的查询。主要分析的网络资源包括与东巴文化相关的网站及学术论文（覆盖知网）。对于学术论文，将PDF格式转换为文本，提取篇名、关键词、发表年份、发表期刊等信息，构建索引。对于网络资源，所采用的是全文检索方式，对于本地论文还添加了多域检索、高级检索等多种方式，以构建一个多功能的东巴文化学术资源检索系统。此外，针对检索到的期刊资源，系统可展现出多方面的统计数据，包括作者统计、地域统计、学者统计、热点统计等。如图3-40至图3-44所示。

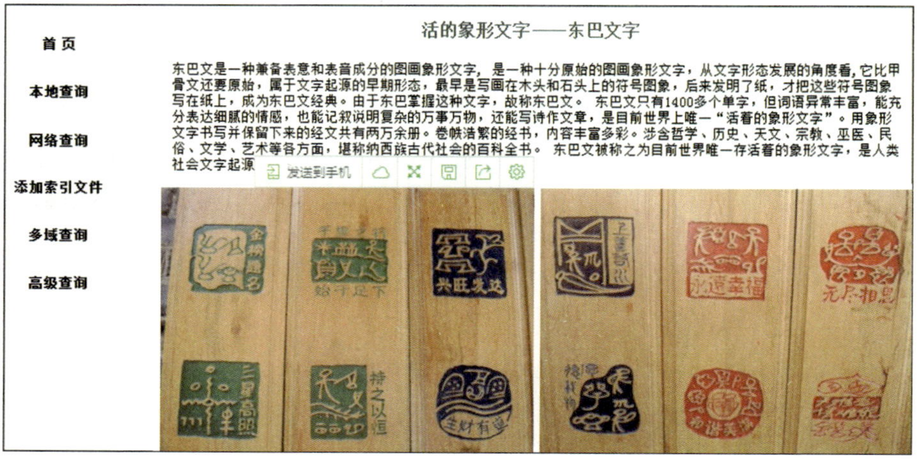

图3-40 东巴文化研究学术资源查询系统界面

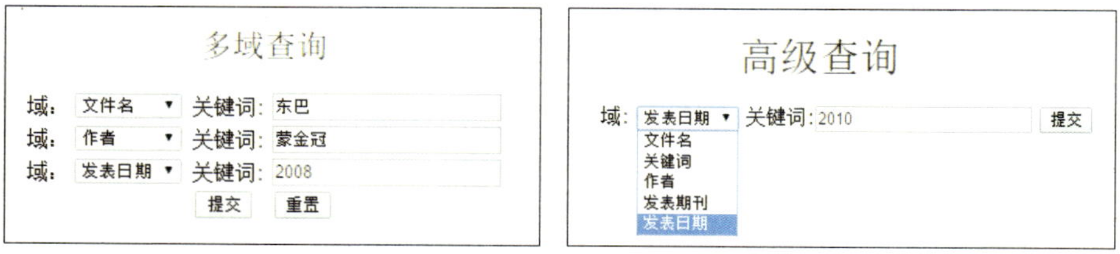

图3-41 查询用户界面

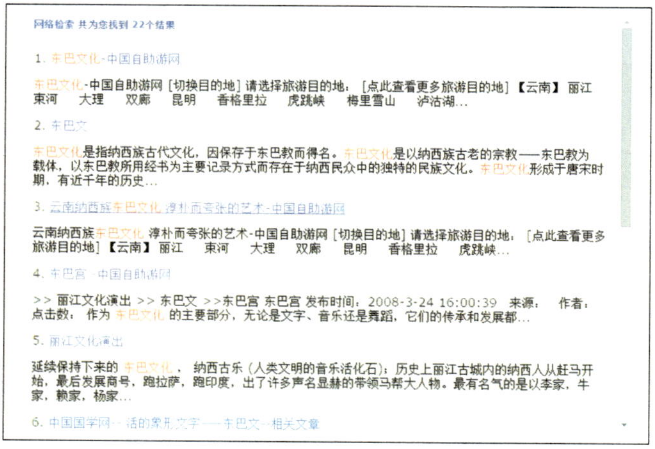

图3-42 网站资源查询结果

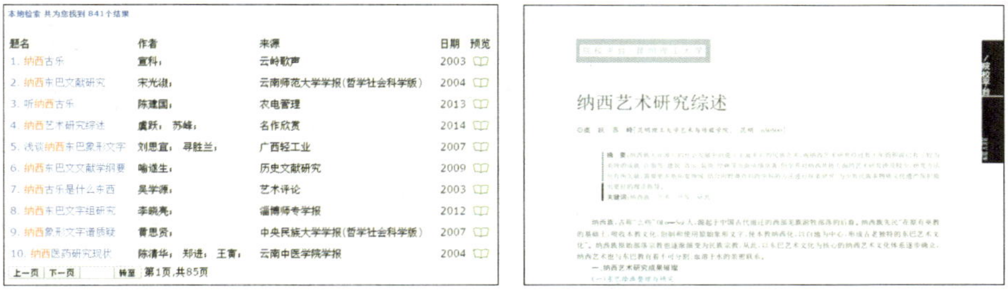

图3-43 文献资源查询结果

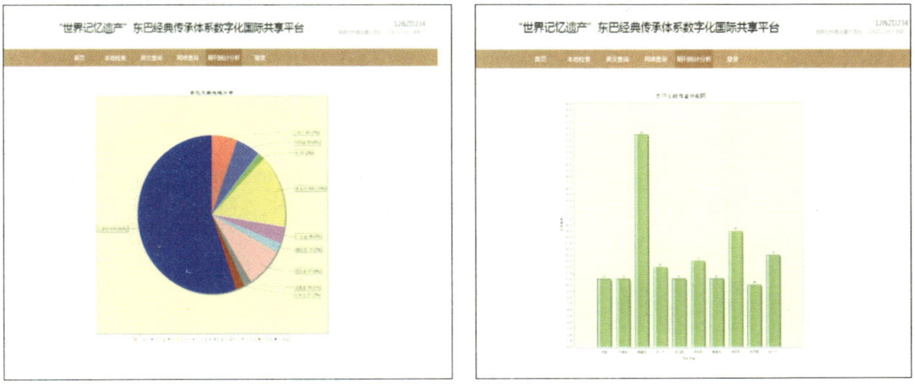

图3-44 学术资源统计分析结果

五、东巴文化的虚拟展示与重建

以东巴古籍的数字媒体表现为目标，研究东巴古籍的2D、3D展现等可视化展示技术，项目组建立了网络传播虚拟现实3D展现环境；同时，项目组研究与东巴文化相关的纳西村寨的虚拟场景三维建模和漫游共享方式，增强现实技术在东巴文化共享平台上的应用；项目组还开发了基于OpenGL ES移动平台的东巴文化虚拟博物馆、基于Unity3D的东巴文化虚拟艺术馆等共享展示平台。部分成果如图3-45、图3-46所示。

图3-45　场馆建模

图3-46　移动终端的浏览效果

第四章 东巴经典数字化国际共享平台构建

一、数字化国际共享平台的架构

尽管东巴古籍具有卓越的价值及独特的传承意义，其在传承上处于濒危的境地，在跨学科综合研究方面也面临着诸多难题，但目前国内外尚无面向全球的东巴古籍数字化国际共享平台及与之匹配的东巴象形文字计算机识别系统。因此极有必要在东巴古籍遗产发源地国家——中国首先研究构建一种能够与世界上具有代表性的收藏机构及收藏人士进行信息互通、互动、交流的数字化国际共享平台，提出以构建“数字化共享平台”的方式保护、传承、共享处于濒危状态的世界文化遗产“纳西东巴古籍”的构想与方案。

东巴古籍数字化国际共享平台的基本功能包括东巴古籍及相关文献的数字资源，东巴象形文字的释读工具，共享、研究、保护、传承动态信息等。平台具有与联合国教科文组织世界记忆工程数据库MOW相连接的途径，具有依据国际共守知识产权规则分级进行信息共享的机制。

利用数字化国际共享平台，可以实现东巴古籍的数字化永久保护，并在高度分散的东巴古籍收藏和研究机构之间建立资源、研究成果的共享机制与途径，通过内存的资料库、数据库、知识库向研究者提供有关的信息资源。这一方法可以为东巴古籍的保护、传承与共享提供新的途径，也可以为国内外文化遗产的保护、传承和宣介提供可借鉴的新模式。

通过分析东巴文化传播与共享网络平台的功能及所要表达的信息需求，基于人体工程学做相关网页的设计和开发，建立起东巴文化学术研究资料中英文及其索引（收集器、索引器、检索引擎），实现网络资料检索是十分重要的。数字化国际共享平台主要包括有关东巴古籍的数字资源、东巴象形文字的释读工具、共享与研究的环境、保护与传承的动态信息等。根据知识产权规则及事先的约定，我们设置了它的分级浏览权限。共享平台中、英文网站如图4-1所示。

图4-1 数字化国际共享平台的中、英文网站首页

二、数字化国际共享平台的软件系统

（一）数字化国际共享平台软件系统构成

数字化国际共享平台的软件系统包括国际共享平台运行与管理软件系统、东巴文献分类与统计系统、东巴古籍文献智能检索系统、东巴文化虚拟现实展示系统、东巴象形文字数据库与知识库软件系统、纳西东巴象形文字翻译系统等。共享平台还提供了文献的数据资料索引库，提供了内存数字资源的编目和多种网络资源检索方式，例如关键词检索、多媒体示例检索、精确检索与模糊检索等，提供了基于智能搜索引擎的并联式等多种文献检索及相关信息统计方法，以及进一步更新、扩展资源的技术支撑、远程研究、互动交流的网络化互联方式、展示方法、体验环境、阅读方式，信息表达、发布、传播与管理方法，提供了声、图、文、像及其共轨的网络信息发布与管理的方式，以形成可供浏览、检索的网站内容，展现东巴文化保护和研究现状的多维度实时统计分析结果。

这一数字化国际共享平台可以提供与联合国教科文组织世界记忆工程数据库MOW连接的途径。基于世界记忆遗产数字化国际共享理念，本研究工作得到了联合国教科文组织的支持。以信息技术为核心的数字化国际共享平台提出的国际共享链接如图4-2所示。

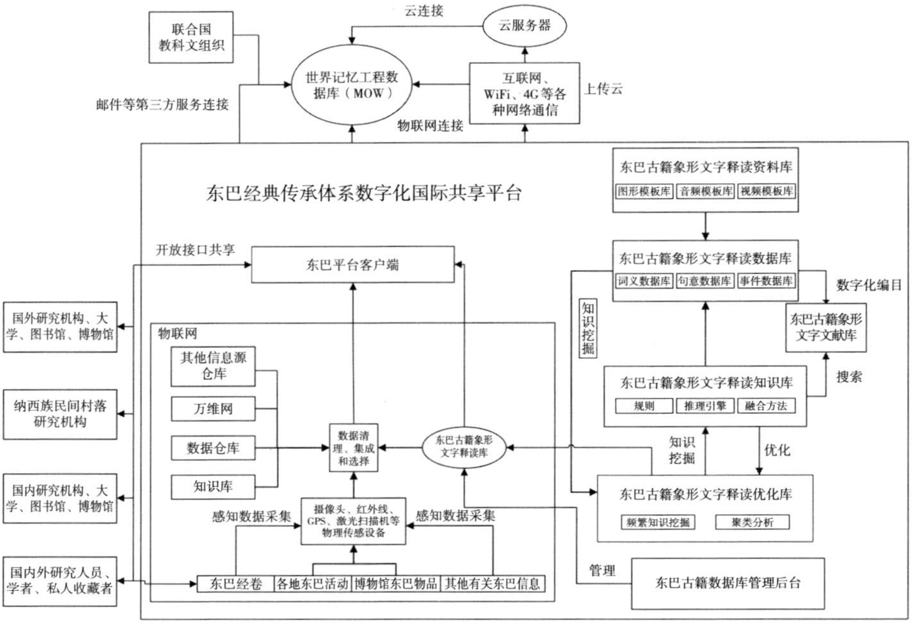

图4-2 信息平台的国际共享链接架构

（二）数字化国际共享平台交互设计策略

东巴经典传承体系国际共享平台有如下几个主要特点：

1. 基于知识管理系统架构，平台先进、科学、成熟、稳定。

2. 基于B/S架构跨平台，应用方便，适用于各国的科研交流。

3. 采用多语种协同翻译，建库相互配合且效率较高。

4. 实现重要数据资源的节能离线存储备份，使重要的数据资料能够被安全地长期保存。

项目组构建的国际共享平台主要是从“基于认知心理的东巴经典数字化平台交互设计研究”的方向被设计并开发的，主要目的是设计具有良好的交互形式的东巴文化平台，主要意义是通过进行平台的交互设计研究，使数字平台更易于使用，为用户提供更真实的文化体验，促进用户与平台的交流，扩大东巴文化的传播范围等。数字化国际共享平台交互设计策略如图4–3所示，认知特性对平台交互设计的影响如图4–4所示，交互方式设计如图4–5所示。

项目组提出了以认知为基础的东巴平台交互设计策略，设计了面向东巴文化传播的平台架构，并采用用户分享、交流等方式扩大东巴文化的传播范围，通过故事设计策略、漫画等方式降低理解难度，突出东巴古籍的文化特色，经实践验证，该设计策略具有合理性及适用性。

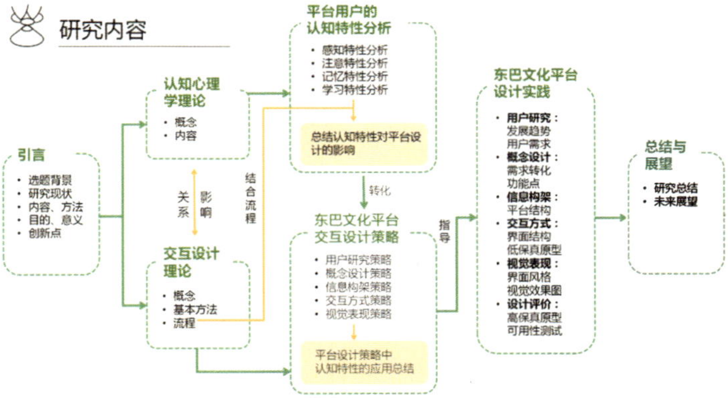

图4–3　数字化国际共享平台交互设计策略

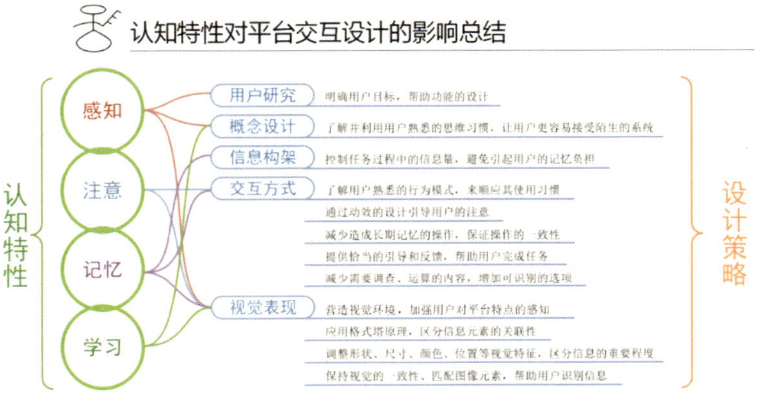

图4–4　认知特性对平台交互设计的影响

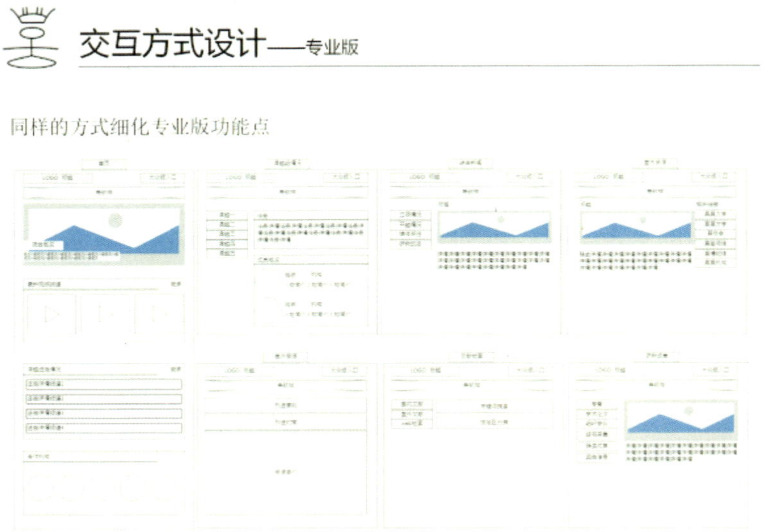

图4-5 交互方式设计

（三）数字化国际共享平台卡片分类法研究

通过梳理东巴经典国际共享平台的所有功能点，根据需求，总结出39个功能点，如表4-1所示。

表4-1 数字化国际共享平台卡片梳理

编码	卡片内容	编码	卡片内容
1	纳西族概述	21	新闻报道
2	纳西文字	22	媒体关注
3	东巴教	23	资源共享
4	东巴经籍	24	国际数据资源引进对策
5	民风民俗	25	国内资源
6	关于我们	26	国外资源
7	研究成果	27	数据库

续表

编码	卡片内容	编码	卡片内容
8	经书释读	28	文献检索
9	学术论文	29	田野调研活动
10	组织会议	30	书籍编纂
11	项目介绍	31	组内会议
12	立项通知	32	国际会议
13	项目简要信息	33	视频制作
14	课题组情况	34	图片应用
15	经书采集	35	App
16	释读成果	36	虚拟现实展示
17	编目信息	37	智能交互应用
18	设计与传播	38	古籍检索
19	共享平台研究动态	39	收藏机构
20	综合新闻		

根据数字化国际共享平台信息功能的特点，结合卡片内容确立了6个基本原则：1.能够进行归类的内容；2.选择同一层面上的内容；3.内容或功能任选其一；4.选择具有代表性的内容；5.选择不会主导分类活动的内容；6.选择参与者能够理解的内容。

经过筛选，发现“纳西族概述”与“纳西文字”“民风民俗”分属不同层面的内容，所以去除掉内容更广的概述部分。“释读成果”和“经书释读”属同一个意思的不同方面，因而只取其一，去掉“经书释读”。依照上述6个原则去掉相似或者带有包含性的内容后，整理得出的功能点有30个，如表4–2所示。

表 4–2 平台分类卡片整理

筛选前卡片		筛选后卡片	
纳西族概述	综合新闻	纳西文字	资源共享
纳西文字	新闻报道	东巴教	国际数据资源引进对策
东巴教	媒体关注	东巴经籍	数据库
东巴经籍	资源共享	民风民俗	文献检索
民风民俗	国际数据资源引进对策	关于我们	田野调研活动
关于我们		学术论文	书籍编纂
研究成果	国内资源	组织会议	视频制作
经书释读	国外资源	项目介绍	图片应用
学术论文	数据库	立项通知	App
组织会议	文献检索	课题组情况	虚拟现实展示
项目介绍	田野调研活动	经书采集	智能交互应用
立项通知	书籍编纂	释读成果	古籍检索
项目简要信息	组内会议	编目信息	收藏机构
课题组情况	国际会议	设计与传播	新闻报道
经书采集	视频制作	共享平台研究动态	媒体关注
释读成果	图片应用		
编目信息	App		
设计与传播	虚拟现实展示		
共享平台研究动态	智能交互应用		
收藏机构	古籍检索		

由于该共享平台的用户有的是文化爱好者，有的是严谨的学术研究者，有的是对文化有兴趣的跨领域研究者，建立易于东巴平台目标用户使用的信息环境，选择开放加封闭的混合式卡片分类法与个人式卡片分类法

无疑十分必要。

选择开放加封闭的混合式卡片分类法的原因是：1.开放加封闭的混合式卡片分类能够给参与者提供更多的发挥空间，又不至于过于偏重平台目标；2.开放加封闭的混合式卡片分类能够综合开放式分类的灵活性和封闭式分类的把控性；3.根据用户研究阶段的用户需求分类，已经得出了5个宏观分类，包括“关于项目”“古籍收藏情况”“资料检索”“研究成果”及“关于我们”。在实施的时候，按规定分类组数即可。

选择个人式卡片分类法的原因是：由于东巴文化平台用户的背景差异性较大，人们对于信息的理解及分类较难达成一致。选择个人式卡片分类法不仅能够让研究人员更直观地观察用户，在与用户交流的过程中获取更多的用户的想法，还能最大限度地保留用户的个人看法。

在进行共享平台的卡片分类调研时，共选取了10个真实用户进行实施。在卡片分类开始时，项目组向参与用户介绍卡片分类的平台内容背景及注意事项。具体情况如表4–3所示。

表4–3　卡片分类实施准备

东巴经典数字化国际共享平台卡片分类活动介绍 活动时间：2016年10月14日（周五） 活动地点：北京信息科技大学小营校区课题研究室 参与分类人员：8名项目组成员+2名爱好东巴文化的学生 活动目的： 这次活动的目的是对东巴经典国际共享平台的信息进行分类。它是一个为传播东巴文化、共享东巴文化研究成果提供学术分享与交流机会的平台。 我们现在需要实施卡片分类。大家手里都有一捆卡片，上面都有一个类别名称及其详细的意思，请大家在熟悉这些信息之后尽量把它们分成5组。在分组的过程

续表

中，请大家尽量把疑问或者想法说出来。 要做的事情： 根据卡片上的信息和东巴经典数字化国际共享平台的建立目的对卡片进行适当的分类。您可以按照自己的想法进行，也可以按照以下几种方式进行。 1.按照实现访问目的的流程进行分类。比如，您想获取东巴古籍，那么您是经过哪几个步骤获得的。 2.按照信息的属性分类。比如，您在访问平台时先访问哪种信息，后访问哪种信息。 问题与原则： 在分类过程中，没有对与错的问题。若是遇到以下情形，请按照对应原则处理： 无法被合理地归为一类的卡片，可抛开它不予以考虑。 遇到某个分类信息过多的情况，则考虑是否将其拆分成更小的类别。 若您觉得已给的5种分类不合适，可按自己的想法进行分类并说明原因。 如果有无法确定的卡片，可将它单独分为一类。 在分类过程中，可适当调整您认为有不当之处的功能点及描述。

建立统一视觉风格的卡片，可以减少其他因素对分类的影响。在将卡片分发到参与者的手中，观察他们的分类过程时，发现“文献检索”和“古籍检索”会很快被归到一类，“视频制作”“图片应用”“App”也能被轻易分到一个类别。此外，在分类“关于我们”时，参与者不知道是否需要将其单独作为一个类。他们当中有人认为应该将“关于我们”和“课题组情况”分到一个类中；有人认为按照通常习惯，网站平台都是将“关于我们”单独作为一类展示。

项目组成员按照信息将卡片分成5类并进行命名处理，如图4-6、图4-7所示。

东巴教 东巴宗教相关简介	纳西文字 纳西文字介绍	东巴经籍 主要是东巴经书、古籍	民风民俗 纳西族人民的生活习俗介绍
关于我们 关于项目的研究成员的信息	收藏机构 东巴经籍的国内外收藏分布	学术论文 在研究过程中众多学者发表的相关论文	组织会议 东巴研究团队组织的研究会议，包括课题组内的子课题组之间的会议
项目介绍 东巴经典文化平台的项目简介（包括研究成员、研究目的与手法等）	立项通知 关于东巴经典国际共享平台的立项	课题组情况 东巴经典的研究组织情况及其任务分配	经书采集 由于东巴经典流失严重，要对经书、古籍进行收集
视频制作 关于纳西族、东巴文化、东巴文化故事的视频展示	图片应用 东巴文化、文字及宗教古籍的视觉深化研究	App 根据东巴文化创造的有趣的App	虚拟现实展示 通过虚拟现实的仪器展示更真实的东巴文化场景
释读成果 东巴古籍的释读进展及成果	编目信息 经书、古籍的分类编目	设计与传播 通过现代化网络手段对东巴经典文化进行传播	共享平台研究动态 东巴经典的研究进展
新闻报道 与东巴文化相关的新闻报道信息	媒体关注 与东巴文化相关的信息发布平台	资源共享 东巴文化资源共享	国际数据资源引进对策 国际相关资源的引进原则与对策
数据库 东巴文字的检索与翻译	文献检索 有关纳西族及东巴文化的研究文献的检索	田野调研活动 对纳西族及东巴文化所进行的实地考察活动	书籍编纂 学者编著的关于东巴文化的相关书籍的简介
智能交互应用 东巴文化的智能交互方面的应用	古籍检索 东巴古籍的检索		

图4-6　分类的卡片制作

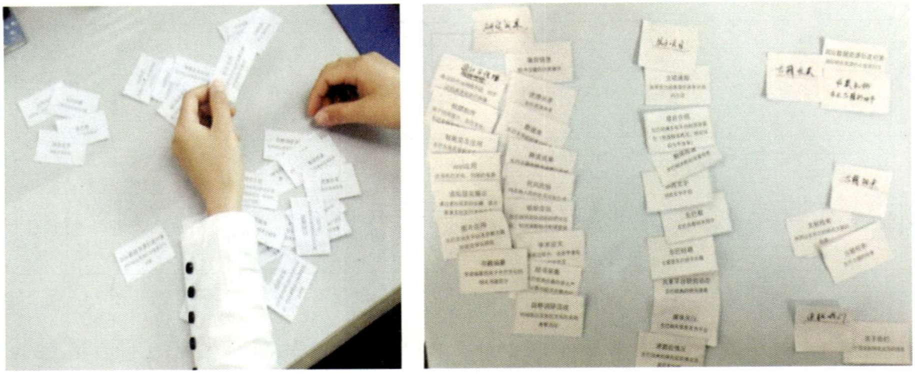

图4-7　网站条目分类

三、数字化国际共享平台的硬件系统

数字化国际共享平台的硬件系统包括复杂图形、图像采集系统（如用于古籍数字化录入的专业型非接触式激光古籍数字化扫描仪等）、大数据存储系统、数字化交互展示环境、数据处理服务器等，还构建了数字可视化视频剪接台，用于数字图像可视化及虚拟现实展示、动态数字图像获取等的数字可视化信息处理及展示试验设备。硬件系统能够完成国际共享平台的存储、计算机网络服务展示、数据采集数字化展示、共享交互远程展示等。所构建的共享网络平台的主要硬件设备如图4-8、图4-9所示。

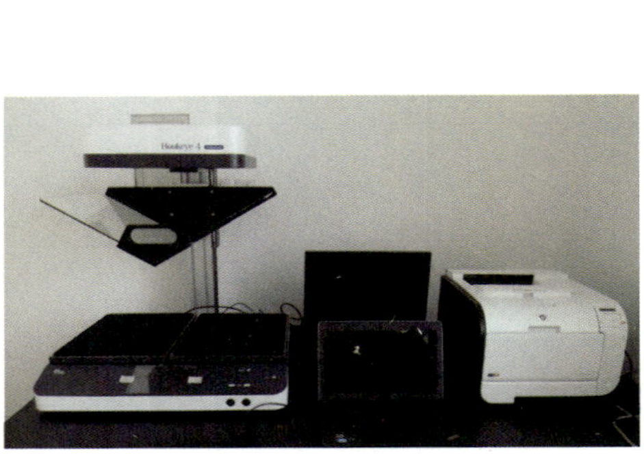

图4-8　非接触式激光古籍数字化扫描仪

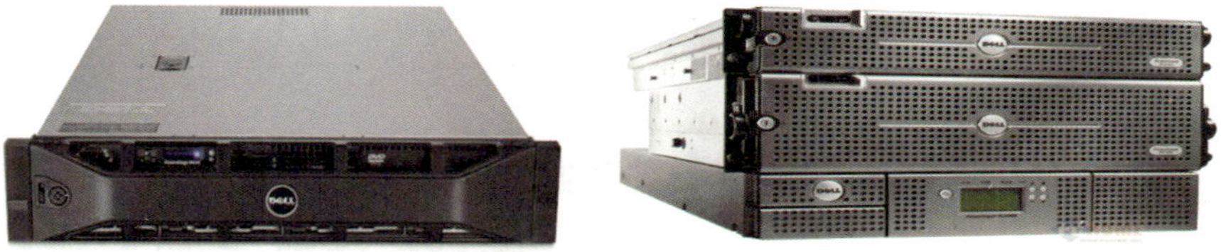

图4-9　共享网络平台服务器与古籍资源存储设备

项目组研究并开发了东巴文化共享展示网站，以提供页面信息展示，音频、视频交互，数据资源检索等多种展示与互动方式，以及虚拟现实东巴文化共享展示方式，同时提供了文字、图片、短片等动态展示及移动终端方式。所构建的共享平台大屏幕展示环境如图4-10所示，共享平台电脑展示环境如图4-11所示，ipad及手机移动终端展示环境如图4-12所示。

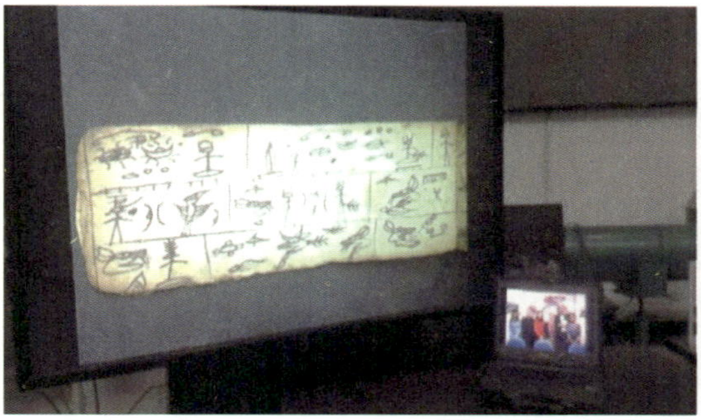

图4-10　共享平台大屏幕展示环境

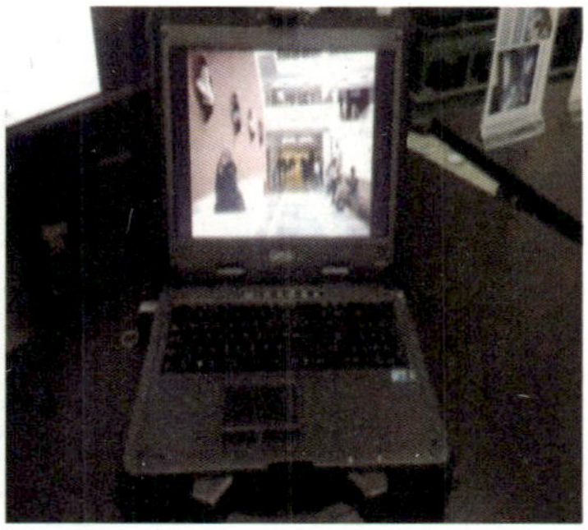

图4-11　共享平台电脑展示环境

图4-12　ipad及手机移动终端展示环境

四、数字化国际共享平台的数据库与知识库建立和利用

项目组按计划完成了东巴古籍的数据库与知识库建库、管理、利用方法等研究，构建了共享平台数据库及知识库的结构，分析了基于数据库及图形识别的东巴象形文字的形态及特征，开发了纳西东巴文字及纳西语的形态学输入方法，研发了实现东巴文字、音像，以及图形、音像并轨的海量信息的智能搜索与管理技术。针对不同的需求，提出了通过读音、释义、对应汉语、分类、词性、来源等多种渠道进行检索的实现方式，以及基于多种复杂的图像特征提取方法的东巴象形文字的机器识别方法，开发了纳西东巴古籍的数字化词、句共享系统。例如拓扑特征法、投影法、模板匹配法及上述方法的综合，对东巴象形文字的识别率达到90%以上。

（一）东巴古籍及象形文字数据库、知识库建立

数据（Data）以多种方式存在。它们可以是数字、文字、图像，也可以是计算机代码，而且都可以被数字化地存储在计算机中。数据存储有多种方式，由于数据库具有共享性好、冗余度好的优点，使用数据库存放东巴文的数据信息不失为一种有效的方法。顾名思义，数据库（Database，DB）是存放数据的仓库。这个仓库的位置在计算机中，并不像我们在现实生活中见到的样子，而且存储对象必须按照规定的格式才能入库。在数据库中，现实世界中的数据和信息是由抽象的数据模型来表示和处理的。用于存储的事物对象是由实体来描述的，实体（Entity）是用属性来描述其特性的。实体之间的联系有多种，例如一对多、多对多等；实体的各个属性之间也是有联系的。“实体 —联系方法”是对现实世界进行抽象和描述的有力工具。

项目组制定了数据库检索的管理规范，提出并建立了一种东巴古籍和东巴文字的资料数据库，包括资料索引、图形模板库和音频模板库。数据

库的结构框架如图4-13所示。

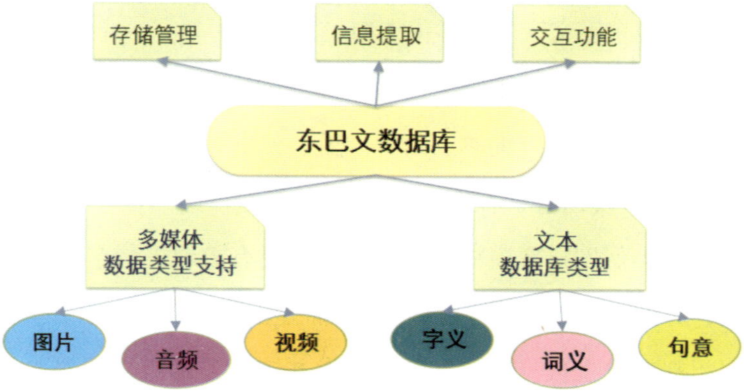

图4-13 东巴文数据库的结构框架

项目组所构建的面向东巴象形文字的数字化释读数据库框架具有文字辅助识别功能（字及相似字的识别规则等）、类别查询功能（查询字、词、句、事件等）、录入功能（有柔性机制以适应扩充新信息）等。提出的图象识别方法涉及TTF的制作、字形及图片识别、知识规则、信息录入、智能数据库等。依据方国瑜的《纳西象形文字谱》和李霖灿的《么些象形文字字典》，并参考、利用了昆明理工大学整理的“纳西东巴文计算语言平台”资料等，提出并构建了东巴古籍字义数据库（12700条记录）、词义数据库（3400条记录）、句意数据库（40000条记录），以及释读规则库。在融合了上述三种类型的数据库的基础上构建的释读知识库，为解决东巴象形文字图形识别，语音辨识，内容释读，形、音、义共轨等提供了技术支撑。

项目组基于提出的东巴文元数据规范标准，编写了东巴文元数据规范范例，并设计、开发了符合平台要求的东巴文数据库结构，建立了多媒体数据库和释读数据库。

多媒体数据库包括图片数据库、音频数据库、视频数据库，释读数据库包括字义数据库、词义数据库、句意数据库，通过建立与两种数据库相关联的索引实现东巴文字的多样化查询。

项目组提出了一种面向东巴文数据库的音码类似度拼音模糊查询算法，在传统文字数据库查询算法的基础上，分别研究了音码类似度拼音模糊查询和n-gram模糊查询在东巴文数据库查询方面的应用。通过实验比较，发现音码类似度拼音模糊查询算法能够更有效地进行东巴文字的模糊数据查询，方便用户快速地寻找到有用的信息。

项目组在东巴文数据库的基础上开发并构建了东巴文推理知识库，还依据知识特征分别研究并建立了Kautz理论的规则提取、动态粒理论的规则约简及Rete算法的知识推理，实现了数据库的深层推理查询与知识释读。

所建立的东巴经典数据库构架以《纳西东巴古籍译注全集（100卷）》为线索，主要采用三层结构构建数据库框架：仪式种类（如“祈福类”）、仪式名称（如“祭天”）、经书（书名、页码）。数据库主要基于《纳西东巴古籍译注全集（100卷）》，并特别注意区分、归类了典籍中有关药书的部分资料；东巴文字字库参考并采用了方国瑜《纳西象形文字谱》及李霖灿的《纳西族象形标音文字字典》；在东巴象形文字的词库方面，参考了《纳西东巴大词典》，并主要按照音序的方式进行排列。我们还完成了部分《纳西东巴大词典》的实例开发，以区分异体字、假借词、转借词、借音词等，以及手写造成的字体异形现象。

对于所研究的东巴古籍，其实体可以是古籍中的字、词、句等，例如对于东巴文字，可用来描述其属性的有纳西国际音标、释义、分类、其他写法、作者等。此处提到的建库内容包括对经过东巴文化专家翻译的、在学术界不存在争议的东巴字、词、句、事件等进行收集和整理，分类录入字库、词库、句库、事件库。东巴文字的字段设计如图4-14所示。

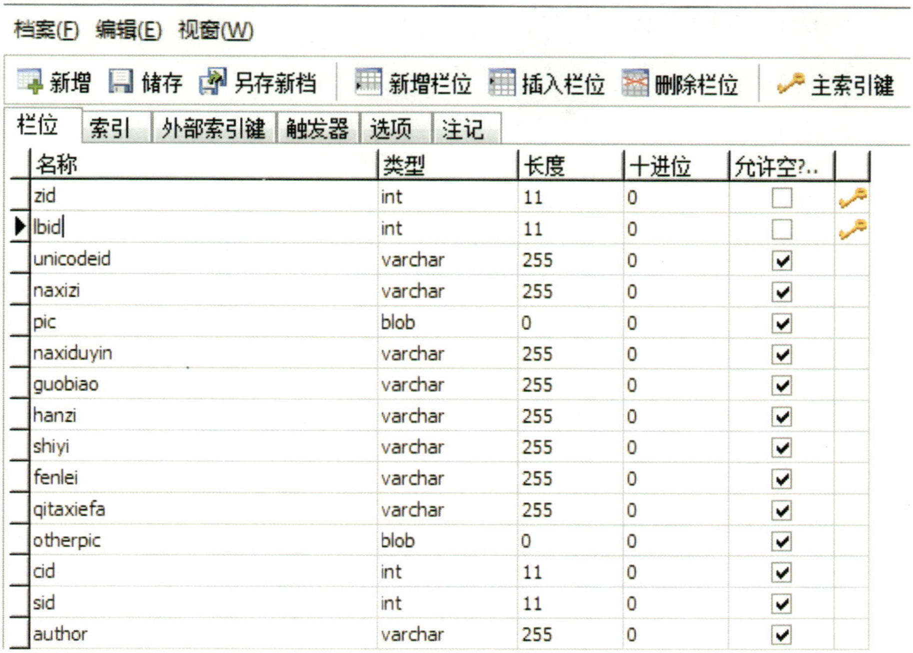

名称	类型	长度	十进位	允许空?..
zid	int	11	0	☐
lbid	int	11	0	☐
unicodeid	varchar	255	0	☑
naxizi	varchar	255	0	☑
pic	blob	0	0	☑
naxiduyin	varchar	255	0	☑
guobiao	varchar	255	0	☑
hanzi	varchar	255	0	☑
shiyi	varchar	255	0	☑
fenlei	varchar	255	0	☑
qitaxiefa	varchar	255	0	☑
otherpic	blob	0	0	☑
cid	int	11	0	☑
sid	int	11	0	☑
author	varchar	255	0	☑

图4–14　东巴文字的字段设计

此外，项目组还利用MySQL数据库建立了东巴文资料库。MySQL是一种关系数据库，其管理系统具有很多系统的特性。它是使用C语言和C++编写的，并且使用多种编译器进行了测试，以确保源代码的可移植性。它也支持Windows、Linux、HP、AIX、Mac OS等多种操作系统，提供TCP/IP、ODBC、JDBC等多种数据库连接途径。在使用MATLAB连接MySQL的时候，使用的是JDBC连接驱动。具体操作如下：

>> conn =

database（‘dbdongba’，‘root’，‘root’，‘com.mysql.jdbc.Driver’，‘jdbc: mysql: //localhost: 3306/dbdongba’）；

得到以下连接信息：

val =

```
Instance: ‘dbdongba’
UserName: ‘root’
Driver: [ ]
URL: [ ]
Constructor: [1 × 1 com.mathworks.toolbox.database.database Connect]
Message: [1 × 157 char]
Handle: 0
Time Out: 0
Auto Commit: ‘off’
Type: ‘Database Object’
查询语句：SELECT hanzi，shiyi from tbzi where zid=1；
curs = exec（conn，‘ SELECT hanzi，shiyi from tbzi where zid=1’）；
curs = fetch（curs）；
cur = curs.Data；
```

MATLAB连接数据库以后，通过模式识别系统对东巴字符图像进行识别，识别结果是该东巴字符经过测试得到的类别号。同样在数据库中设置了字符类别字段，即lbid字段，并把该字段设置为索引。模式识别系统的测试类别号和MySQL数据库表中的字符类别字段的赋值是一一对应的关系。根据识别得出的类别序号，仿真系统可以利用SQL语句中的查询方法获取数据库存储的对应类别字段的相关记录信息，并将其显示在字符信息的区域框中，如图4-15所示。

从图中可以看出，东巴字符经过预处理后得到的图像显示在东巴字符区域，也可以获得其特征值，并通过三种识别方法获得其类别号。通过这个系统，可直接凭借对东巴字符图像的分析和理解获得交互结果。对东巴古籍及其他图片形式的东巴文献来说，这种交互方式是一种比较有意义的尝试。

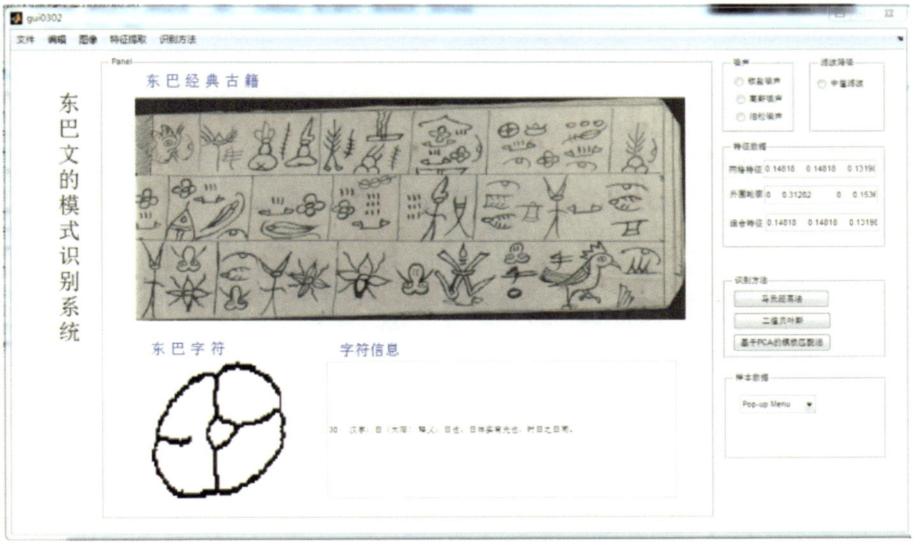

图4–15　字符识别结果

（二）东巴象形文字识别仿真系统设计

研究东巴文字识别的目的是建立基于东巴文字的交互系统。由于东巴象形文字具有图画的性质，项目组提出了一种基于图像识别的东巴文字交互方法。如果用户在阅览东巴古籍的过程中想要了解其中某个东巴字符的信息，可以直接选取该东巴字符所在的区域，然后该区域会经过系统的一系列处理直接反馈该东巴字符的信息。因此，这个交互系统的构建除了涉及图像处理技术、东巴文字特征提取方法及识别技术的相关理论知识，还会用到针对东巴文字的数据库建库技术和方法。

东巴文字图像识别仿真实验系统是用MATLAB R2012b软件开发的。MATLAB具有很强的数组处理功能，所以经常被应用在数字图像的仿真中。

MATLAB不仅提供了图像处理模块函数库，还提供了图形用户界面开发环境（GUIDE），它以M-函数的形式为组织图形用户界面（GUI）提供了一组丰富的工具。GUI系统界面如图4-16所示。

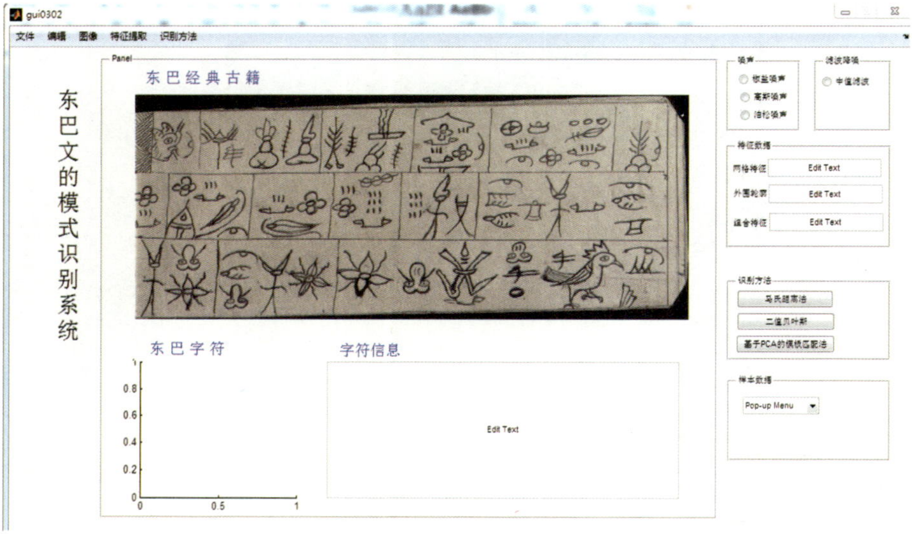

图4-16 GUI系统界面

该系统可以打开、保存图片；其“编辑”功能包括图像的旋转和裁切，“图像”功能包括对图像的灰度处理、二值化处理、形态处理，扫描文字边界等；“特征提取”包括网格特征和外围特征提取功能；“识别方法”有马氏距离法、二值贝叶斯方法、基于PCA的模板匹配识别方法。另外，还有对图像添加噪声、去除噪声等辅助功能。

用户想要了解某一个东巴文字的信息，可先从东巴古籍图像中选中文字所在区域，选取的方式是单击包围文字的矩形边缘附近的-45° 方向上对角线的两点，该文字的图像区域便会被选中并进行裁切。这个功能是由MATLAB中的imcrop函数实现的，如图4-17、图4-18所示，裁切的结果会直接显示在东巴字符的区域框中。

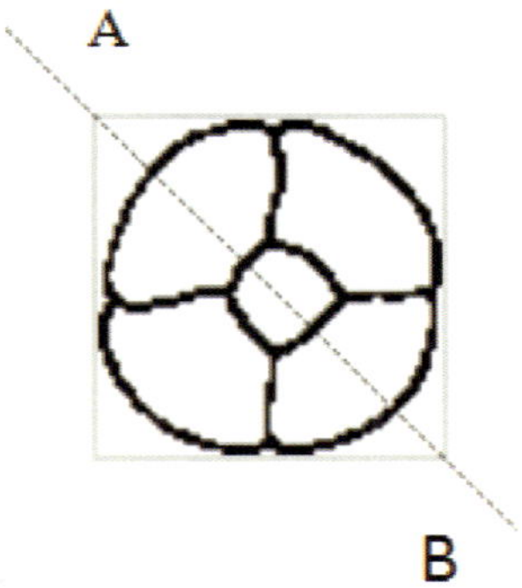

图4–17　文字区域选取示意图

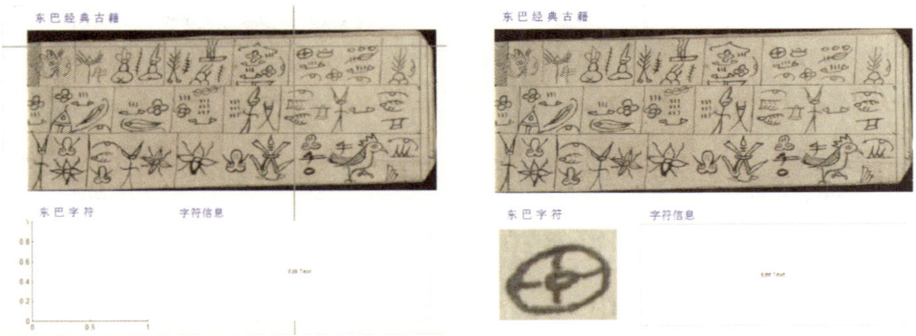

a. 裁切取点示意图　　　　b. 裁切结果

图4–18　裁切效果

（三）东巴象形文字的智能机器识别

依据提取的象形文字特征，项目组提出了一种模板匹配和网络反馈两者相结合的文字识别方法，分析并阐述了拓扑特征法和投影法在东巴象形文字特征提取方面的优缺点，采用了一种先进行拓扑特征处理，再以投影法进行特征提取的分步骤的信息处理方法，实现了象形文字固有特征的准确提取。实验表明：基于象形文字固有特征的提取，利用模板匹配和网络反馈相结合的方法进行东巴象形文字识别准确度高，用时短。

研究采用的拓扑特征法如图4-19所示：左图是一个代表“明天早晨”意思的东巴象形文字，右图说明了拓扑特征的含义。由图中的统计结果可以得出该东巴象形文字中共有5个端点、22个叉点（包括15个三叉点、4个四叉点、3个二叉点）、3个块、12个孔。

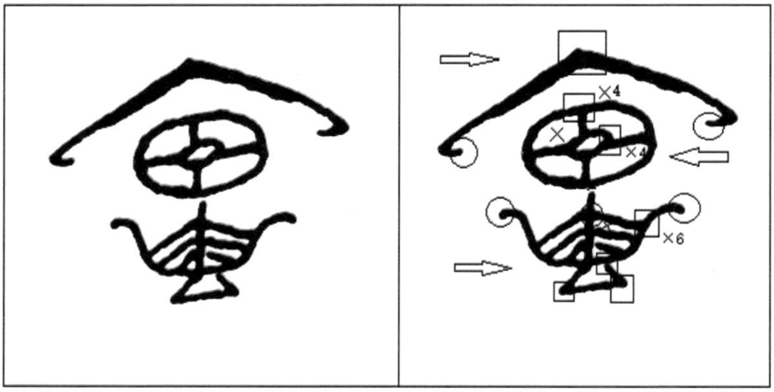

标记○代表“端点”，□代表“叉点”，⇨代表“块”，×代表“孔”

图4-19 拓扑特征结构示意图

从图中可以看出，经过拓扑特征对东巴文字进行特征提取，可以将80%的字符特征提取出来加以区分，并且经实验验证符合特征提取标准。此方法适用于对东巴象形文字的特征进行提取。拓扑特征提取汇总如表4-4所示。

表4-4 东巴象形文字拓扑特征提取汇总

Unicode	块数	孔数	端点数	三叉点数	四叉点数	合并	计数
E900	1	0	2	0	0	10200	15
E901	1	5	0	8	0	15080	5
E902	1	2	0	2	0	12020	14

续表

Unicode	块数	孔数	端点数	三叉点数	四叉点数	合并	计数
E903	3	3	0	0	0	33000	4
…	…	…	…	…	…	…	…
EF12	1	4	0	4	1	14041	7
EF13	5	9	1	4	5	59145	1
EF14	1	3	5	2	2	13522	1
EF15	2	7	9	5	3	27953	1
EF16	1	3	3	1	1	13311	1

在对东巴象形文字进行拓扑特征提取后，仍有少部分东巴象形文字具有相同的拓扑特征。对于这种文字，进行拓扑特征提取已不能达到特征提取的标准，也不能对此特征进行下一步的识别。对于剩下的部分字符，我们尝试用投影法进行特征提取。研究分析表明：根据象形文字的笔画特点采用投影法进行字符识别具有抗干扰能力强、容易实现等优点，该方法在象形文字的细分类识别上具有很好的效果。综上所述，采用拓扑特征和投影法相结合的方法有利于实现东巴象形文字的特征提取，能够进一步为东巴象形文字的复杂文字识别提供一种有效的方法。

对以上识别方法进行实际测试，所选用的待识别象形文字为2500个。经分别采用模板匹配法、网络反馈法，以及模板匹配与网络反馈相结合的方法进行实验，所得实验数据如表4-5所示。

表 4–5　实验数据对比

识别方法	实验字数	识别字数	识别率	20个东巴文字用时（s）
模板匹配	2500	2110	84.40%	0.7 — 0.9
网络反馈	2500	2282	91.28%	1.2 — 1.5
两方法融合	2500	2264	90.56%	一般0.8 — 1.2， 最大1.4

识别方法对比：单纯采用模板匹配法对东巴象形文字进行识别时，能对大部分象形文字进行正确识别。但对形态结构复杂、轮廓不够清晰的东巴象形文字来说，模板匹配法并不能做出正确的匹配。单纯采用网络反馈法对所有的东巴文字进行分类识别时识别率高，但涉及迭代计算问题时识别计算量大、用时较长。所以，根据实验分析，应先用模板匹配法对简单、易识别的字符进行粗分类，然后再采用网络反馈法对一些结构复杂、难以识别的字符进行识别。这样，虽然识别时间相对较长，但识别正确率比单纯使用模板匹配法高得多。

（四）数据库与知识库的利用

项目组研究并提出了东巴文字编码与字库共享平台的信息管理方法，以提供针对复杂的象形文字资料的规范化管理途径，对纸质版文件、音像、音频、电子图片、国内资源、国外资源等分别命名并标注了所收集资料的地点、时间、属性，以便于数字化查询与共享，如图4–20所示。

在东巴文数据库的基础上，我们提出了一种基于图像识别的东巴经典自主交互方式，开发并构建了东巴经典的模式识别系统，同时提供了一种基于计算机信息处理的辅助释读方法，如图4–21所示。

由于依靠世代的东巴的口传心授实现东巴古籍的释读和东巴文化的传承已经难以为继，建立东巴古籍知识库，研究东巴象形文字计算机识别与辅助翻译技术对东巴文化进行保护和传承，使濒危的“活着的象形文字”在现代社会以新的方式继续生存具有特别重要的意义。

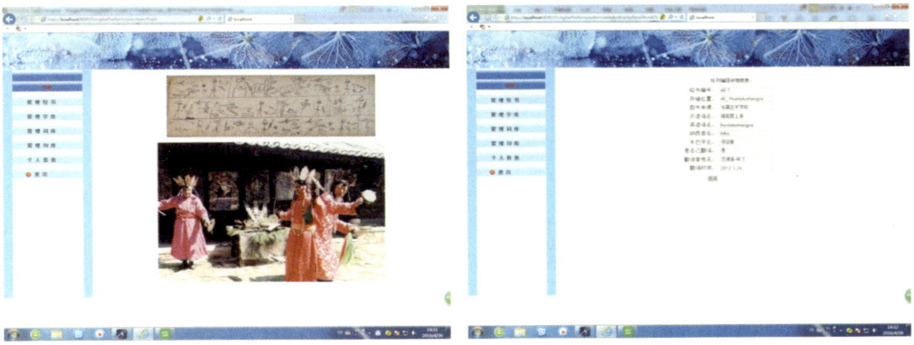

图4-20　东巴文字数据库的运行与利用

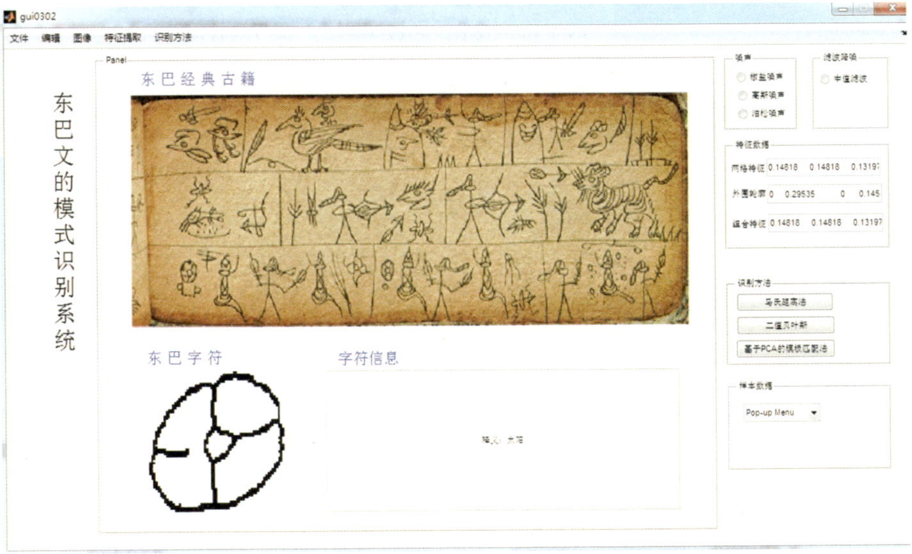

图4-21　东巴文字模式识别系统

（五）数字化国际共享平台的利用

与该平台所连接的两个数字信息单元进行信息利用的方式如图4-22和

图4–23所示。其主要包括数字信息采集与交互单元、数字信息传播及展示单元、数字化资源互联共享接口、数字化环境体验共享接口。东巴古籍数字化国际共享平台的利用方式如图4–22所示，东巴古籍数字化国际共享平台运行环境与平台如图4–23所示。

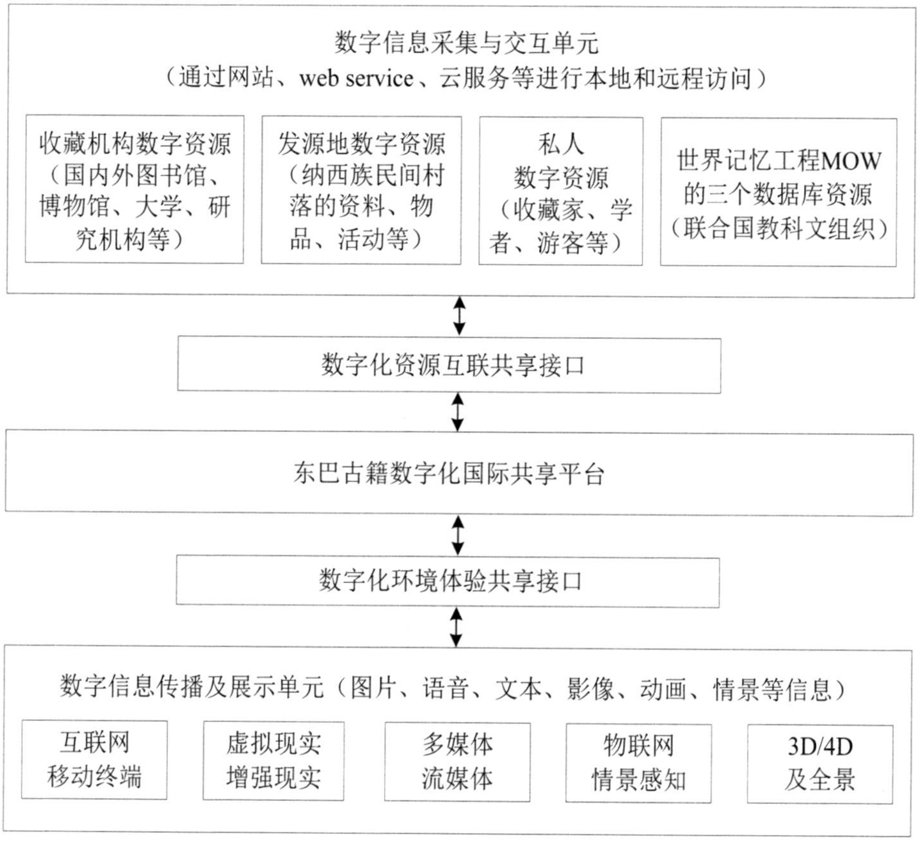

图4–22　东巴古籍数字化国际共享平台的利用方式

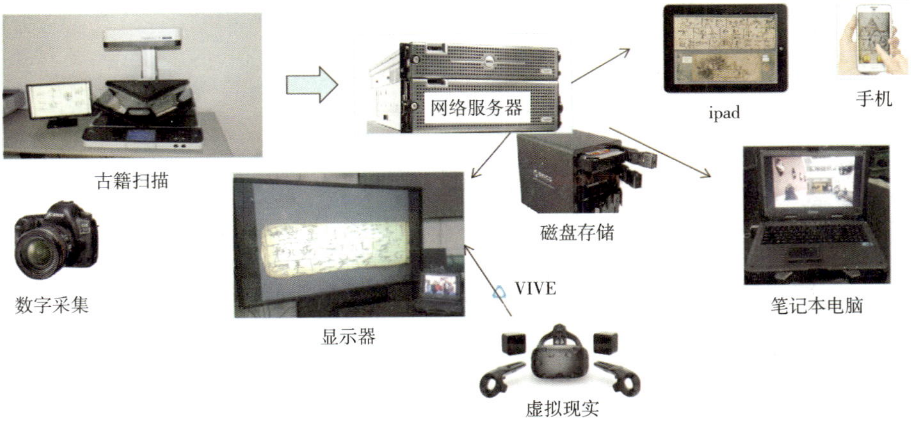

图4–23　东巴古籍数字化国际共享平台运行环境与平台

1. 数字信息采集与交互单元

该单元实施东巴古籍数字资源的远程联结与交互。通过非接触式激光古籍数字化扫描仪、专业数码照相机、数字摄像机等进行信息采集；通过共享平台提供本地和远程访问，远程访问基于通用的HTTP协议；提供网站、web service、云服务等访问资源的方式；通过元数据进行数据查询，返回编目信息和多媒体（声、图、文、像）内容。数字化资源包括东巴古籍收藏机构（国内外图书馆、博物馆、大学、研究机构等）和收藏人（收藏家、学者、游客等）的数字资源、东巴文化发源地的数字资源（纳西族民间村落的资料、物品、活动等）、联合国教科文组织世界记忆工程数据库（MOW）的有关资源等。

2. 数字信息传播及展示单元

信息传播、展示的环境与方式包括万维网、无线移动通信终端、虚拟现实（Virtual Reality，简称VR）和增强现实（Augmented Reality，简称AR）、多媒体与流媒体、物联网现场情景感知路径等。数字信息传播及展示系统包括数字可视化信息展示系统、国际共享平台交互环境、数字化远程网络体验系统，传送及播放的信息类型包括图片、语音、文本、影像、动画等，如动态展示东巴逐字逐句释读、吟诵古籍的影像及音频信息。

3. 数字化资源互联共享接口

数字化资源共享接口实现了国际共享平台与国内外收藏机构及收藏人士之间的远程信息交换；在联合国教科文组织的帮助下建立了国际共享平台与联合国教科文组织的“世界记忆工程”三个数据库（失去的记忆、濒危的记忆、目前的活动）的联接方式。

4. 数字化环境体验共享接口

该接口实现了国际共享平台与数字信息传播及展示单元之间的远程互联，实现了东巴古籍象形文字图形、读音、释读内容的全方位数字信息的体验及利用，提供了东巴古籍象形文字的形、音、义信息的传播及展示。通过提供的展示方式及体验环境，用户能够了解并感受纳西族东巴文化的藏本、展品、景观、服装、活动、仪式，甚至情景。

利用该平台，可以实现东巴古籍的数字化永久保护，在高度分散的东巴古籍收藏和研究机构之间建立资源和研究成果的共享机制与途径，通过内存的资料库、数据库、知识库向研究者提供有关信息资源。这种方法为东巴古籍的保护、传承与共享提供了新的途径，同时也可以为国内外文化遗产的保护、传承和宣介提供可借鉴的新模式。东巴经典传承体系国际共享平台的主要优势在于：基于知识管理系统架构的平台先进、科学、成熟、稳定；基于B/S架构跨平台开发应用方便，适用于国际科研交流；对重要数据资源进行存储、备份，实现了重要数据资料的安全、长期保存。该平台的利用方式及效果如下：

利用该平台提供的东巴古籍国际信息共享机制，有助于适应古老的东巴古籍在世界范围内广泛分布的特点，有利于较迅速地改变东巴古籍这一世界记忆遗产所面临的老化、损毁、消失的状态，有利于实现这一在全球具有卓越价值的人类记录的高效而广泛的展示。

利用该平台提供的联机采编功能，有助于随时补充、更新古籍藏品信息，有助于用户适应东巴古籍这一世界记忆遗产在非来源地国家被大量收藏的特点，使各国收藏机构及收藏人士对东巴古籍进行有效的收集、整理、分类编目，使沉寂多年的东巴文化档案能够发挥其应有的价值。

该平台的信息资源及学术交流环境可使该平台成为国际研究机构及研究者们进行深层的学术交流及研讨的平台，有利于通过老东巴对新发现的濒危的东巴古籍进行及时的释读、研究。

该平台提供了东巴古籍数字化国际共享平台与联合国教科文组织世界记忆工程数据库（MOW）的互联方式，有利于实现面向世界记忆遗产体系的东巴古籍数字资源的国际共享。

第五章 学术研究与交流

一、国际学术研讨与交流

（一）主办ISTAI2014国际学术会议及“文化遗产保护的信息化技术”国际研讨会

项目组于2014年9月23日至26日在北京组织召开了ISTAI2014（2014国际自动化测试与仪器仪表学术会议，为中国科协重点规划的学术会议）。本次会议以“文化遗产保护的信息化技术”为重要主题，并专门设立了“文化遗产保护的信息化技术”国际研讨会的国际学术会议；项目责任单位北京信息科技大学为会议主办方之一；首席专家徐小力教授为该会议的执行主席，并做了文化遗产保护的信息化技术的学术交流；会议的会标及相关材料均标注了国家社会科学基金重大项目资助及资助课题编号。

会议发布了本项目组研究的主要内容及取得的研究成果。会议期间国内外专家、学者重点研讨并交流了东巴经典传承体系数字化国际共享平台构建研究的方法与前景、相关的网络文化与数字传播，数字化保护与虚拟现实，声、图、文、像信息的数字化采集、加工、检索与表达，数字化共享平台及远程网络、无线网络传播与展示，东巴古籍的数字化录入、释读、翻译与编目，信息的数据库与知识库建库、管理、利用等。

出席会议的有联合国教科文组织驻京代表、负责东亚地区世界文化遗产的安卓先生及其他专家、学者。会上，致力于纳西东巴文化研究的国际著名学者、瑞士苏黎世大学民族学博物馆原馆长奥皮茨教授作了题为“口头传承保护”的报告，并向大家展示了他进行专题研究的来自德国国家图书馆的东巴古籍馆藏，奥地利维也纳大学菲尔·奥尔本·冯·施托克豪森（Phil Alban Von Stockhausen）教授作了题为“数字档案馆作为社会和文化人类学的主要来源：以印度东北部的那伽部落的‘数字存在’为例”的报告，法国巴黎语言文化大学图书馆苏灵（Soline Lau-Suchet）博士作了题为“东方语言文化学院图书馆维护并促进具体的世袭收藏”的报告，北京师范大学周明全教授的团队作了题为“虚拟现实技术应用”的报告，项目组子课题1组负责人、北京东巴文化艺术发展促进会张旭会长作了题为“回归的东巴经卷”的报告，云南省社科院副院长杨福泉教授等国内外专家、学者在会议期间进行了交流。

会议现场放映了反映项目组成果的影视人类学纪录片《回归的东巴经卷》，得到了与会各界人士包括联合国教科文组织的官员们的一致赞誉。

奥皮茨教授在大会上作学术报告如图5-1所示；执行主席徐小力教授在大会上致辞如图5-2所示；联合国教科文组织代表安卓先生与奥皮茨教授，项目组成员徐小力教授、张旭会长交流东巴文化保护与传承情况如图5-3所示；项目组成员、云南省社科院副院长杨福泉教授与奥皮茨教授进行交流的情况如图5-4所示。

会议专门设立的“文化遗产保护的信息化技术”（Information Processing & Information Technology for Cultural Heritage Protection）国际研讨会由项目组子课题5组负责人王红军教授与奥地利维也纳大学奥尔本教授共同主持。出席会议的嘉宾有奥皮茨教授、联合国教科文组织代表曾庆怡（Gracie Zeng）女士、法国巴黎语言文化大学图书馆苏灵博士、丽江市东巴文化研究院李德静院长等。在会上，项目组成员与出席会议的嘉宾进行了深入的专题交流，共有7位文理科作者现场作了精彩的演讲，并通过PPT展示了文理科的交叉研究成果，研讨拓宽了纳西东巴文化研究中的思维领域。研讨会发表、收录了本项目研究的相关论文十余篇，其中包括《世界记忆遗产——东巴经典国际共享信息平台研究》《东巴经典国际共享平台的智能移动终端设计》《东巴象形文字识别方法研究》《基于SSH框架+AJAX技术的东巴古籍数字化共享平台建设》等优秀论文。如在《东巴象形文字识别方法研究》一文中，作者在对东巴象形文字特有的结构特征进行了详细的分析的基础上，论述了东巴象形文字的识别原理，初步提出了从图像预处理阶段到特征提取、模板匹配、神经网络识别等各处理阶段的实现方法，并且通过实验验证了这些方法是可行的。

“文化遗产保护的信息化技术”国际研讨会的部分中外专家合影如图5-5所示。

图5-1 奥皮茨教授在大会上作学术报告

图5-2 执行主席徐小力教授在大会上致辞

图5-3 项目组与联合国教科文组织代表安卓先生交流

图5-4 项目组成员杨福泉教授与奥皮茨教授交流

图5-5　“文化遗产保护的信息化技术”国际研讨会的部分中外专家合影

（二）联合举办“寻找东巴古籍”国际研讨会及图片展览会

2015年10月，项目组成员代表赴法国联合举办“寻找东巴古籍”国际研讨会及图片展览会。研讨会于11月5日在法国巴黎语言文化大学举办，法国国家图书馆、法国巴黎语言文化大学、法国远东学院、法国吉美特博物馆这四个拥有东巴古籍藏本的法国机构均有代表前来参加。

北京东巴文化艺术发展促进会会长、子课题1组负责人张旭作为主讲人在会上进行了演讲，代表项目组交流了本课题的研究成果及与法国收藏机构就“建立东巴古籍数字化国际共享平台”的合作工作，介绍了项目组几经艰难赴中国纳西族山村，多次寻找能够准确释读东巴古籍的东巴，反复释读古籍藏本中的象形文字，并由纳西学研究者翻译确认的艰难历程及取得的成果。

法国巴黎语言文化大学图书馆苏灵教授、法国远东学院中国部负责人刘达威先生分别介绍了各自东巴古籍馆藏的历史和现状，并表示：由于与中国的项目组合作，已数字化其馆藏的东巴古籍，有机会得到有学识的老东巴的释读并共享释读成果，他们真正理解了东巴文化的内涵，希望进行进一步的学术研究，愿意继续与项目组进行学术合作。专题研讨会会议现场如图5-6

所示，项目组代表张旭会长在研讨会上交流与法国四个机构合作数字化东巴古籍藏本并展示古籍经释读、翻译后的编目成果如图5–7所示。

2015年10月26日至11月17日，北京东巴文化艺术发展促进会（ADCA）代表项目组与法国巴黎语言文化大学图书馆（BULAC）、法国远东学院（EFEO）联合举办了“寻找东巴古籍——法国巴黎图片展”，以研究成果的形式在巴黎向公众展出。习尚洪东巴专门用东巴象形文字为此次研讨会和成果展题写了“寻找东巴古籍”的标题。

研讨会上，项目组成员代表把分别为和志本老东巴（已故）和习尚洪老东巴补写的法国巴黎语言文化大学东巴古籍藏本第12本《黑白争战》的封面作为一份特殊的礼物，赠送给了法国巴黎语言文化大学图书馆，如图5–8所示。

图5–6　专题研讨会会议现场

图5–7　项目组代表张旭会长作大会发言

图5–8　著名东巴书写的《黑白争战》封面赠送仪式现场

研讨会上播放了反映项目组采集、释读东巴经典的成果的纪录片《回归的东巴经卷》。

“寻找东巴古籍”图片成果展在法国巴黎语言文化大学图书馆的展览现场如图5–9所示。

图5–9　“寻找东巴古籍”图片成果展现场

“寻找东巴古籍”图片成果展选择展出已经由项目组数字化了的法国各收藏机构的东巴古籍藏本，包括项目组执行课题时在纳西族地区拍摄的东巴们参与的各种仪式，其中的重要部分为来自香格里拉的老东巴们释读项目组从国内外数字采集的东巴古籍藏本的现场工作场景。摄影展展示了项目组立项以来的重要的工作成果，得到了法国学界和观众的深度好评，提升了本课题的国际学术影响力。

（三）主办数字化保护国际研讨会

2017年10月16日至17日，“东巴古籍及东巴文化遗产的数字化保护国际研讨会”在北京举行，会议由北京信息科技大学主办，北京东巴文化艺术发展促进会承办。国际纳西学界的著名学者奥皮茨教授，以及来自德国、法国、英国的各界专家和研究者们前往北京，与国家社会科学基金重大项目的在京项目组成员进行了国际学术研讨和交流。数字化保护国际学术研讨会会场如图5–10所示。

图5-10　数字化保护国际学术研讨会会场

研讨会融合专题报告、成果展示与技术交流于一体，全方位展示了东巴古籍及东巴传统文化遗产数字化保护的最新进展，关注实际应用的关键技术和解决方案。

参会专家同国内外收藏东巴古籍的档案机构代表进行了广泛的交流，首席专家徐小力教授代表项目组同与会的国外档案机构代表签署了国际研究的学术合作协议，如图5-11所示。

奥皮茨教授将收藏的约瑟夫·洛克先生拍摄于20世纪30年代的反映东巴文化的珍贵的历史照片赠送给了项目组。项目组代表张旭会长将由习尚洪东巴补写的遗失的东巴古籍藏本封面赠送给了法国远东学院刘达威先生，还将习尚洪东巴在释读古籍藏本后为收藏机构签名的复印件送给了各国档案机构代表。

图5-11 项目首席专家徐小力教授与外国专家们共同签署了学术合作协议

瑞士苏黎世大学民族学博物馆原馆长奥皮茨教授，英国国家图书馆中国部主任萨拉·切苏拉（Sara Chiesura）女士，法国巴黎语言文化大学亚洲部负责人苏灵教授，法国远东学院中国部负责人刘达威先生，香港中文大学翻译系邓肯·普帕尔（Duncan Poupard）教授，北京东巴文化艺术发展促进会会长兼项目子课题1组负责人张旭、子课题4组负责人吴国新、子课题3组陈若愚等分别就东巴古籍数字化及东巴文化遗产的跨学科领域研究进行了会议报告。

奥皮茨教授等与会专家在看过项目团队演示的老东巴释读东巴古籍的音频、视频记录后，对项目组在纳西地区进行田野调查的过程中所做的工作给予了高度的评价。

为了缅怀、纪念为本项目东巴经典的释读、翻译做出重大贡献的于2017年过世的和志本东巴，会上专门放映了项目组的代表性作品——曾参加过2015年巴黎中国电影节的影视人类学纪录片《纳西族传统造纸术与其传承的文化》。

“东巴古籍及东巴文化遗产的数字化保护国际研讨会”中外专家合影如图5-12所示。

图5-12 “东巴古籍及东巴文化遗产的数字化保护国际研讨会”中外专家合影

（四）项目组与联合国教科文组织代表开展研讨交流

国家社会科学基金重大项目项目组与联合国教科文组织多次开展了学术交流工作。项目组向联合国教科文组织官员安卓先生介绍了“世界记忆遗产”东巴经典传承体系数字化国际共享平台建设研究课题的总体情况：纳西族东巴经典被联合国教科文组织列为“世界记忆遗产”，课题组通过文、理、工大跨度学科交叉及国际合作的途径，在发源地国家首先研究构建面向全球东巴经典的国际共享信息平台，运用数字网络化的现代信息科技手段进行“世界记忆遗产”——东巴经典文化信息的获取、处理、储存及传播，并尽全力做好该项目的研究工作。项目组与联合国教科文组织官员的研讨会合影如图5-13所示。

图5-13 项目组与联合国教科文组织官员的研讨会合影

项目组与联合国教科文组织多次洽谈，研究各国收藏机构在进行数据采集的过程中预期的难点并探讨解决的办法，在其支持下与国际（法国、英国等）东巴古籍收藏机构进行了沟通并开展合作。项目组成员与联合国教科文组织官员的交流如图5-14所示。

安卓先生热烈祝贺北京信息科技大学联合北京东巴文化艺术发展促进会、丽江市东巴文化研究院等多家纳西族东巴文化研究机构获得该项国家社会科学基金重大项目。他说：“我深深懂得获得此项课题的意义。”安卓先生随后介绍了联合国教科文组织及信息传播处的相关情况，并代表联合国教科文组织表示将从技术、国际合作、成果推广等方面对该课题进行全力支持。他期望该课题能成为一个标杆式的成功模式，并被推广应用。

图5-14 项目组成员与联合国教科文组织官员的交流

二、国内学术研讨与交流

（一）项目开题学术研讨与交流

2013年6月22日，国家社会科学基金重大项目"'世界记忆遗产'——东巴经典传承体系数字化国际共享平台建设研究"（12&ZD234）开题会于北京信息科技大学召开。

开题会专家组以文化遗产数字化保护专家、北京师范大学周明全教授为组长，参加该会议的有全国哲学社会科学规划办、北京市社会科学规划办、北京市社会科学界联合会、北京信息科技大学等单位的领导及代表，以及来自中国社科院、清华大学、全国人大民族委员会、国际纳西学会、中央民族大学、中国传媒大学、中央音乐学院、西南大学、云南民族大学等的本研究领域的专家、学者及课题组成员。参会人员共计60余人。与会代表合影如图5-15所示。

图5–15　项目开题会与会代表合影

在开题会上，专家组听取了项目首席专家徐小力、5个子课题负责人张旭、白庚胜、李宁、吴国新、王红军所作的有关项目研究计划、实施方案及研究工作的报告。报告中介绍的本项目的主要研究内容为：通过文、理、工大跨度学科交叉及国际合作的途径，在发源地国家首先研究构建面向全球东巴经典的国际共享信息平台，运用数字网络化的现代信息科技手段进行世界记忆遗产——东巴经典文化信息的获取、处理、存储及传播。

开题会上，专家组经认真讨论一致认为：项目研究具有重要性、紧迫性与创新性，能够为解决世界记忆遗产传承过程中所产生的复杂性、前沿性、综合性的重大问题提供方法。项目研究运用现代信息科技手段对东巴经典进行抢救与传承，自然科学与社会科学交叉研究特点突出，体现了跨学科综合研究的模式，具备了良好的国际合作研究的基础条件。其研究思路清晰，路线可行，实施方案合理，符合国家社会科学基金重大项目的开题要求，因此，专家组一致通过了该项目的开题。新华社、中央电视台等40多家新闻媒体对本开题会进行了报道。

（二）2015“‘世界记忆遗产’——东巴古籍传承与跨学科数字化创新”学术前沿论坛

2015年12月25日，由北京市社会科学界联合会主办、北京东巴文化艺术发展促进会代表项目组承办的“‘世界记忆遗产’——东巴古籍传承与跨学科数字化创新”学术前沿论坛，暨“国家社会科学基金重大项目——东巴古籍数字化国际共享平台研究论坛”隆重举行，来自北京市社会科学界联合会、北京东巴文化艺术发展促进会、北京信息科技大学、北京师范大学、中央民族大学、中国文学艺术界联合会、中国作家协会、中国戏曲学院、北京蓝深科创科技有限公司等在京单位的专家、学者等共23人参加了会议。

本次论坛的主题是“‘世界记忆遗产’——东巴古籍传承与跨学科数字化创新”，主旨是面对流失于海外的东巴古籍藏品的现状，面向世界上唯一还在使用的象形文字并被称为“活着的象形文字”的东巴文，研究如何采用数字网络化技术的新模式对东巴经典文化遗产进行抢救与传承。同时，面向世界文化史上独特的少数民族文化——纳西族东巴文化（纳西族是与藏族关系紧密的民族）探讨采用文、理、工学科交叉及国际合作的途径，抢救性地采集分散在海内外的东巴古籍藏本的数据，并在尚有为数不多的老东巴在世的情况下，把由海外回归祖国的数字化古籍及新发现、收集的民间古籍火速带给老东巴进行释读并由其翻译、编目；对已被释读、翻译的东巴经典进行较系统的分类与保存；采用现代信息化创新手段构建面向东巴象形文字的数字化国际共享平台，以实现濒危状况下的东巴古籍及东巴文化的传承与传播。会议现场如图5-16所示。

图5-16　研讨会现场

项目首席专家徐小力教授主持了此次论坛，对项目研究工作的整体进展情况做了介绍，并对最新的研究成果进行了发布，还对今后的工作做了说明。

会议特邀专家、北京师范大学信息科学与技术学院原院长、教育部虚拟现实应用工程研究中心主任、文化遗产数字化保护与虚拟现实北京市重点实验室主任周明全教授在交流研讨中介绍：东巴文化讲的是人类与自然的和谐，这对于环境保护也有着重要的意义，有利于当下的我们摒弃破坏环境的行为。东巴文化是人类最初的文化，是没有被污染的文化，正是因为东巴文化具有淳朴的本色，其才得以绵延至今，才得以体现人与自然的和谐。

论坛学术研究的方向与内容具有重要性、紧迫性与创新性的特点，能够为解决世界记忆遗产传承过程中所产生的复杂性、前沿性、综合性重大问题提供方法。研究运用现代信息科技手段对东巴古籍进行抢救与传承，突出了自然科学与社会科学交叉研究的特点，体现了跨学科综合研究的模式，为今后进行国际合作研究奠定了必要的基础条件。会议论坛得到了中国社会科学网、中国网等多家网络媒体的关注与报道。

（三）学术前沿论坛·东巴文化艺术发展促进会专场——“研究创建东巴古籍数字化国际共享平台”学术研讨与交流

2016年12月25日，由北京市社会科学界联合会主办、北京东巴文化艺术发展促进会代表项目组承办的“2016学术前沿论坛·ADCA专场——研究创建东巴古籍数字化国际共享平台”举行，来自北京市多家单位的专家、学者及在校研究生参加了此次论坛。

习近平总书记在2016年5月17日召开的“哲学社会科学工作座谈会”上提出了重要观点：“重视发展具有重要文化价值和传承意义的‘绝学’、冷门学科。……还有一些学科事关文化传承的问题，如甲骨文等古文字研究等，要重视这些学科，确保有人做、有传承。”为了传承这一人类独有的古文字的研究，我们早在一个世纪前就开始收藏国内外的东巴古籍藏本，火速把由海外回归祖国的数字化古籍带给老东巴进行释读、翻译、编目，并对已被释读、翻译的东巴古籍进行较系统的分类、保存与研究；我们还采用现代信息化创新手段构建面向由象形文字书写的东巴古籍的数字化国际共享平台，从速抢救、保存这一在世界文化史上具有“绝学”地位的“世界记忆遗产”，以实现东巴文化的传承。

首先，项目首席专家徐小力教授作了题为“用‘活着的象形文字’书写的东巴古籍的探寻、研究与共享”的报告，报告重点介绍了项目组的最新研究成果及研究方法，例如田野调研、国际合作、平台构建等。

项目组成员相继作了题为“东巴古籍数字采集与国际学术研究”“东巴古籍数字化国际共享平台建设途径与方式”“东巴古籍及相关文献的检索技术研究”的报告，现场还展示了数字化国际共享平台英文平台的构建方法和过程，以及东巴古籍信息检索系统。

项目组子课题2组负责人白庚胜作了论坛总结发言，指出这次研讨会十分高端，很有创新性也很务实，将东巴文化与先进的信息技术结合，让他们看到了东巴文化发展的美好前景。他同时总结了目前所取得的成果、存在的问题及未来努力的方向。

这次会议论坛得到了光明网、《北京晚报》、《中国社会科学报》、中国网等十多家媒体的报道。

（四）赴纳西族聚集地区进行学术交流与研讨

项目进行期间，项目组曾十余次到纳西族聚集地区（包括云南省省会昆明市）与当地的研究机构、博物馆、图书馆、高等院校、民间保护机构进行专项学术交流与研讨，并举行了多次专项学术会议。项目组进行专项学术交流的单位包括云南民族大学、昆明理工大学、云南省少数民族古籍整理出版规划办公室、云南民族博物馆、丽江市东巴文化研究院、丽江市博物院、云南省丽江玉龙纳西族自治县图书馆、丽江文化研究会、丽江纳西文化研究会、迪庆纳西学会、香格里拉县三坝乡文化站、三坝乡东巴文化生态博物馆、宁蒗县泸沽湖镇摩梭文化博物馆，以及白水台、玉水寨等东巴文化保护地和传承点，与相关专家、学者及东巴文化传承人深入探讨了课题项目的研究现状，并取得了重要的学术交流成果。例如：

到云南省少数民族古籍整理出版规划办公室调研并召开研讨会议，昆明的项目组成员李国文，古籍办谢沫华、龙江莉等参加了会议。双方交流了研究工作中古籍利用及管理的方法，相互提供了相关的信息与资料，研讨了合作开展相关的收集、编目、宣介等方面的工作。古籍办的谢沫华主任特别重视将信息化技术应用于世界遗产的保护与传承，愿意加强与项目组的全面合作，为云南少数民族文化的保护与传承做贡献。双方将加强学术交流与合作，以求共同推动东巴古籍数字化，并在此基础上为云南省其他民族的文化和古籍的传承做出贡献。

其间，项目组成员赴昆明理工大学与其信息工程与自动化学院院长余正涛教授的纳西文化研究团队研讨了在东巴经典数字化平台的建设过程中需要考虑并解决的计算机信息化技术问题，并采集了他们的汉语、纳西语语料库中的有关信息。

三、项目组研讨与协调会议

自2013年6月项目开题以来，鉴于本项目多单位合作、多学科交叉研究的特点，项目组根据课题的开展进程，多次组织本项目的5个子课题组的研讨与协调会议，如图5-17所示。

图5-17 项目组部分成员研讨交流会合影

其主要内容如下：

1. 加强各子课题之间的配合与进度协调，提高研究效率，针对跨学科文理交叉课题研究的特点，利用现有的软硬件资源，充分整合、利用课题经费与研究的阶段性成果，推动课题持续开展。

2. 安排相关项目组成员进行国内资料收集及整理工作，如赴云南省图书馆、丽江市东巴文化研究院、云南民族大学、丽江市博物院、云南省丽江玉龙纳西族自治县图书馆等机构进行资料收集及整理工作。

3. 安排项目组相关成员进行国外数字采集与资料调研工作，如赴法国国家图书馆、法国巴黎语言文化大学、法国远东学院、瑞典国家世界文化博物馆等机构进行数字采集与资料调研工作，并进一步调查、收集、核实了北京、台湾、南京、昆明、迪庆、丽江等各地各机构的东巴古籍馆藏数据。

4. 重点协调完成了国外收藏的多本东巴古籍珍品的数据编目与精选本翻译研究工作，完成了数据整理、编号、打印、释读、编目、抄写等工作，并形成了共享样本库。

5. 协调安排资源共享数据平台的元数据规范研究工作，开展并完善了对数字资源元数据的标注等工作。

6. 协调开展东巴文字编码与字库共享平台信息管理的研究工作，制定了复杂象形文字资料的规范化管理方式，便于国际共享与查询。

7. 协调与国内外其他研究机构的关系，并开展学术研究、交流工作，如开展了与西南民族大学、昆明理工大学、法国巴黎语言文化大学、法国国家图书馆、法国远东学院、法国原始文化博物馆等单位的学术交流及合作。

8. 研究工作开展期间，5个子课题组还多次分别组织召开了子课题组研究工作协调会议，就各子课题组的研究工作、任务细分、时间进度等进行了总体部署。

第六章 研究成果与价值

一、代表性研究成果

（一）现存东巴古籍数量分布及相关情况的调查

从国内外的博物馆、图书馆到中国纳西族的偏远山寨，通过广泛、深入的调研及田野调查，我们获得了大量的项目研究工作所需的新资料和新数据：

在对东巴古籍现存数量与分布的调查中，我们新发现了一批东巴古籍，使已确认的存量达到34100余册，它们被分散收藏于国外22家、国内20家收藏机构。与以往的东巴古籍大多流传海外的认知不同，中国的收藏数量为20500余册。

项目组搜集、统计了自1913年法国学者巴库（Bacot）出版首部东巴文化研究著作《摩梭研究》（Les Moso）以来东巴古籍和东巴文化研究论著的发表数量（超过10000篇/部）和年代分布。数据显示近30年来，论著的发表数量持续快速增长（其中2010年以来，国内相关论著的发表数量达到了3900余篇/部），并且研究工作的中心回归到了中国。这些数据体现了东巴古籍及东巴文化的研究价值，展现了我国在东巴文化研究与保护方面取得的显著成绩，同时也彰显了建立其“国际共享平台”的价值。

关于百余年来纳西族聚集区域东巴数量分布变化的田野调查结果反映出各区域（以县为单位）传统东巴文化的现状和衰落趋势。其中最严重的问题是仅调查到能够准确释读东巴古籍的东巴10人，且他们大多年老体衰，因而东巴古籍成了正在逐渐被损毁、正在消失的人类文化遗产，东巴文字正面临着由“活着的象形文字”走向死亡的残酷现实。

这些调研结果不仅为项目组，也为今后东巴古籍和东巴文化的保护工作提供了重要的基础数据。

（二）东巴古籍的数字化采集、释读与音频、视频记录

对此，项目组做了以下几项工作：

数字化采集（利用数码照相等方式记录纸质文献并形成适合计算机存储的文件）被分散收藏于国内外的东巴古籍，包括英国、法国、德国的国家图书馆，美国国会图书馆等11家国外收藏机构所收藏的东巴古籍，以及丽江市东巴文化研究院、中国国家图书馆等10家国内收藏机构所收藏的东巴古籍。所收集的数字版东巴古籍共计3378册（含国外1229册），包括选择全部内容的全本采集东巴古籍2110册，选择部分内容的非全本采集东巴古籍1268册。

大规模地数字化采集被分散收藏于世界各地的东巴古籍，实现了对其数字化永久保存，同时也使得大批珍贵的流传海外的东巴古籍（数字版）回归祖国。对回归东巴古籍的翻译和初步内容研究表明，其中不乏在国内已经绝迹了的经典。即使国内有同名古籍，由于书写年代、地域等不同，其内容往往也存在重要差别。例如，通过对采集于国外的最具代表性的东巴经典《创世纪》与收藏于国内的同名经典的对比研究发现，其记载的民族迁徙路线、民俗、神话故事情节、祭祀仪式、经文内容等均存在差别，所书写的东巴文字（包括格巴文字）本身也有重要的差别。东巴经典的回归将对东巴文化的研究和传承产生重要而深远的影响。

对于采集的东巴古籍，择其经典（共计19册），请目前还在世的权威的东巴释读并音频、视频记录释读过程（多机位同步记录释读者的表情和口型、释读文字的内容、释读场景等）。这一工作将为今后的东巴语言文字的研究留下宝贵的资料。

拍摄了大量的反映东巴文化（民俗、艺术、传统制作、祭祀仪式、传统庆典等）的视频（总时长500余小时）和图片（15000余张），并已将部分音频、视频素材编辑、制作成资料片（20余部）。这项工作不仅进一步体现了东巴古籍释读的语境和应用场景，也成为反映东巴文化现状的珍贵资料。纪录片《回归的东巴经卷》《纳西族传统造纸术与其传承的文化》荣获第十届巴黎中国电影节最佳人文纪录片奖（2015年），被称为“具有珍贵历史价值的纪录片”。与法国东巴古籍收藏机构合作举办的“寻找东巴古籍——法国巴黎图片展”（2015年）得到了学界和观众的高度评价。

发掘并数字化采集了大量的东巴古籍研究的珍贵文献，例如美国学者约瑟夫·洛克的经典著作《东方纳西手稿目录》(择要译成汉语)、《英语—纳西语百科词典》，中国申报“世界记忆遗产——纳西东巴古籍”的基础材料《纳西东巴古籍译注全集（100卷）》，东巴古籍研究的权威著作《中国少数民族古籍总目提要（纳西族卷）》，李霖灿的《纳西族象形标音文字字典》，方国瑜的《纳西象形文字谱》等，共计10余部，4万余页。

（三）东巴古籍翻译与编目

项目组修订了东巴古籍编目信息，并对现存的东巴古籍编目进行了审核与修订。研究工作中汇集与涉及的东巴古籍文献的编目资料超过6500册，其中，项目组整理并分析了国内外18家主要收藏机构的馆藏东巴古籍编目资料、数字化编目资料共4524册，还对新采集的数字版东巴古籍进行了分类整理，撰写了学术专著《国际馆藏东巴经典编目举要》(25万字，精选并完成了358册东巴经典编目，由中华书局出版）。编目内容的主要信息有东巴经典内容提要、经书仪式、撰写者、收藏机构、收藏时间、历史背景、来源区域、经书特征等。这些工作明显提升了东巴古籍编目科学化、文献检索规范化的水平。

（四）东巴古籍及相关文献的信息化处理方法和共享平台关键技术研究

项目组参考《古籍元数据规范》《拓片元数据规范》等十多种面向著录对象的元数据规范，制定了尚处于空白状态的东巴古籍元数据规范。

项目组提出并研究实现东巴古籍及相关文献的数字化加工、信息提取、非结构化信息存储和检索，并应用于数字版《纳西东巴古籍译注全集（100卷）》和《中国少数民族古籍总目提要（纳西族卷）》的数据加工和信息提取。研究实现用于信息互操作的网络协议，基于Web服务的东巴古籍数字资源远程访问，相关学术资源的联机分析、统计及可视化呈现，检索条件的内容重组与分发（包括声、图、文、像等媒体），虚拟现实展示等现代信息化的方法与技术，并形成配套软件系统。

将多项信息技术的新成果应用于东巴古籍的保护，对于我国文化遗产的数字化保护和宣传具有普遍的借鉴意义。

（五）东巴古籍的数据库与知识库的建立、管理及利用方法

项目组提出并建立了一种东巴古籍和东巴文字的资料数据库，它包括资料索引、图形模板和音频模板库。依据方国瑜的《纳西象形文字谱》、李霖灿的《么些象形文字字典》、昆明理工大学的《纳西东巴文计算语言平台》等资料，提出、集成并构建了东巴古籍字义数据库（12700条记录）、词义数据库（3400条记录）、句意数据库（40000条记录）及释读规则库。融合上述三种类型的数据库构建的释读知识库，为解决东巴象形文字图形识别、语音辨识、内容释读，以及形、音、义共轨等提供了技术支撑，实现了东巴象形文字、音像，以及图形、音像并轨的海量信息的智能搜索与管理技术。同时针对不同的需求，研究实现读音、释义、对应汉语、分类、词性、来源等多种检索方式。提出并研究多种基于复杂图像特征提取方法的东巴文字的机器识别技术，例如拓扑特征法、投影法、模板匹配法及上述方法的融合，这些技术对东巴文的识别率高达90%以上。

依靠世代东巴口传心授来实现东巴古籍的释读和东巴文化的传承的传统方式已经难以为继，建立东巴古籍的知识库并研究东巴象形文字的计算机识别与辅助翻译技术，使濒危的“活着的象形文字”在现代社会中以新的方式继续生存具有重要的意义。

（六）创建东巴古籍数字化国际共享平台

项目组提出了以构建“数字化共享平台”的方式保护、传承并国际共享处于濒危状态的世界文化遗产“纳西东巴古籍”的构想与方案，组织开展跨学科综合研究，创建了东巴古籍的数字化国际共享平台。其基本功能包括东巴古籍及相关文献的数字资源，东巴象形文字的释读工具、共享与研究环境、保护与传承动态信息等，研发了配套软件系统6套。平台具有与联合国教科文组织的世界记忆工程数据库（MOW）的连接途径，具有依据国际共守知识产权规则分级信息共享的机制。

利用该平台，可以实现东巴古籍的数字化永久保护，在高度分散的东巴古籍收藏和研究机构之间建立资源和研究成果的共享机制与途径，通过内存的资料库、数据库、知识库向研究者提供相关的信息资源。这一方法为东巴古籍的保护、传承与共享提供了新的途径，同时也可以为国内外文化遗产的保护、传承和宣介提供可借鉴的新模式。

研究工作受到了联合国教科文组织的高度关注。其驻京官员安卓先生曾数次参加有关研讨会并高度评价项目工作：“我深深懂得获得此项课题的意义”“其研究工作是抢救世界记忆遗产的一种创新，这种模式可以推广至世界范围的世界记忆遗产工程”。

研究成果得到了国内外相关学者的高度评价。部分国外收藏机构正是由于看到了项目成果并对“国际共享”充满着期待，表达了合作的意愿并同意项目组采集馆藏的东巴古籍。瑞士苏黎世大学民族学博物馆原馆长、

《纳西、摩梭民族志》著者、“东巴古籍国际共享联盟”的倡导者奥皮茨教授评价说：“我对项目组用一种全新的方式数字处理纳西族手稿而非常感动，这对于纳西族的未来工作和保护工程是非常重要的。”我国文化遗产数字化保护著名专家、北京师范大学周明全教授认为，本研究工作是实现“用科学还原历史，让技术承载文化”的有效途径。丽江文化研究会、纳西文化研究会杨国清会长评价说，项目成果对于抢救东巴传统文化非常及时，满足了丽江东巴文化保护机构及工作者们的迫切需要。东巴习尚洪先生见到项目组采集的东巴古籍时异常兴奋，他说有的古籍他只是在小时候听说过，东巴经典的回归可以使已失传的文化传统得以恢复和传承。

（七）论著与知识产权

项目组曾发表学术论文35篇、报刊文章4篇；完成硕士研究生学位论文18篇；编著论文集2部（待出版）；申请知识产权22项，其中国际发明专利2项、中国发明专利9项（已授权5项）、软件著作权9项（均已授权）；撰写东巴文化研究著作14部，其中已出版研究专著3部（86万字）、《纳西学论集》8部（约240万字）、《纳西学博士论文丛书》等；撰写了专著《国际馆藏东巴经典编目举要》（25万字，待鉴定通过后由中华书局出版，为项目标志性成果之一），另有编著、译著各1部（待出版）。已发表、出版的阶段性研究成果在国内外的相关领域产生了重要影响，彰显了国家重大项目对东巴文化保护和研究工作的促进作用。

（八）国际、国内学术交流

组织（不含参加）国内外的学术交流、研讨会议多次，主要有“文化遗产保护的信息化技术国际论坛”（2014年10月，北京）、“东巴古籍及东巴文化遗产的数字化保护国际研讨会”（2017年10月，北京）、“学术前沿论坛——国家社会科学基金重大项目·东巴古籍数字化国际共享平台研究”（2015年12月、2016年12月，北京），并进行了成果发布，与纳西族聚集地区的研究机构举行了十余次专题研讨会（2013—2017年，云南省丽江市等），同时进行了现场交流，将上述会议的资料择要汇编成《国内外研讨会议综合文集》（20万字）。

广泛的学术交流不仅促进了项目的研究工作，更扩大了项目成果的影响力。上述会议（包括开题论证会）受到了新闻媒体的广泛关注，分别得到了中央电视台、北京电视台、《中国日报》、《中国社会科学报》、《北京日报》、《科技日报》，以及新华网、人民网、光明网等众多网络媒体共计50余家媒体上百次的宣传报导。

二、研究成果汇总

表6-1 研究成果汇总

序号	成果名称	成果形式	作者	备注
1	基于拓扑特征和投影法的东巴象形文字识别方法研究	学术论文	徐小力、蒋章雷、吴国新等	电子测量与仪器学报，2017（1）：150-154. 全国中文核心
2	基于MFCC的语音情感特征提取研究	学术论文	李虹、徐小力、吴国新等	电子测量与仪器学报，2017（3）：448-453. 全国中文核心
3	基于拓扑特征的纳西东巴文象形文字输入方法研究	学术论文	王海燕、王红军、徐小力	中文信息学报，2016（4）：106-109. 全国中文核心
4	基于支持向量机的纳西东巴象形文字符识别	学术论文	王海燕、王红军、徐小力	云南大学学报（自然科学版），2016（5）：730-736. 全国中文核心
5	东巴经典古籍象形文字智能识别研究	学术论文	吴国新、丁春艳、徐小力	电子测量与仪器学报，2016（11）：1774-1779. 全国中文核心

续表1

序号	成果名称	成果形式	作者	备注
6	东巴文，一种象形文字的美学特征	学术论文	王媛、徐小力、张旭	中国文化遗产，2013（5）：96–101.
7	“世界记忆遗产”东巴经典古籍数字化国际共享机制的创新研究	学术论文	张旭	社科学术前沿论坛成果撷英（2014—2015）. 北京：北京师范大学出版社，2016：489–496.
8	东巴古籍资源的数字化及数据管理	学术论文	王玉娇、耿思、李宁	电子测量与仪器学报，2017（4）：636–643. 全国中文核心
9	东巴象形文字识别方法	学术论文	杨萌、徐小力、吴国新等	北京信息科技大学学报（自然科学版），2014（3）：72–76.
10	自适应中值滤波在东巴古籍图像去噪中的应用研究	学术论文	李志华、徐小力、王宁等	北京信息科技大学学报（自然科学版），2015（5）：36–39.
11	基于分形与小波相结合的东巴经典古籍图像压缩方法研究	学术论文	吴国新、丁春艳、徐小力等	北京信息科技大学学报（自然科学版），2017（1）：9–12.
12	东巴文化智能产品设计研究	学术论文	李利苹、姜可、吴国新	设计，2017（9）：22–23.
13	东巴经典古籍释读数据库建立方法	学术论文	王宁、徐小力、李志华等	北京信息科技大学学报（自然科学版），2015（5）：40–43.
14	XML数据库管理系统在古籍编目管理中的应用	学术论文	王玉娇、李宁、陈若愚	北京信息科技大学学报（自然科学版），2017（3）：18–24.
15	基于改进K最近邻分类算法的不良网页并行识别	学术论文	徐雅斌、李卓、陈俊伊	计算机应用，2013（12）：3368–3371. 全国中文核心

续表2

序号	成果名称	成果形式	作者	备注
16	基于频繁词集聚类的微博新话题快速发现	学术论文	徐雅斌、李卓、吕非非等	系统工程理论与实践，2014（S1）：276-282. 全国中文核心
17	基于社会计算和机器学习的垃圾邮件识别方法的研究	学术论文	董源、徐雅斌、李卓等	山东大学学报（理学版），2013（7）：72-78. 全国中文核心
18	面向微博影响力的社交网络特征分析	学术论文	吕非非、徐雅斌、李卓等	计算机应用，2013（12）：3359-3362. 全国中文核心
19	Application of Noise Reduction Method Based on Birgé-Massart Threshold	学术论文	Xu Xiaoli, Jiang Zhanglei, Zuo Yunbo, et al	Chinese Journal of Scientific Instrument, 2013（S1）：134-137. EI检索号：20142617874106
20	Research on Memory of the World Classic Dongba Culture International Sharing Information Platform	学术论文	Xu Xiaoli, Zhang Xu, Wu Guoxin, et al	Proceedings of ISTAI2014, Vol.1：308-313. CPCI检索 WOS：000361159400055
21	Structural Recognition of Ancient Chinese Ideographic Characters	学术论文	Li Ning, Chen Dan	Chinese Journal of Scientific Instrument, 2014（S2）：233-237. EI检索号：20153001062086
22	Construction of Digital Ized Dongba Manuscripts Sharing Platform Based on SSH Framework and Ajax Technology	学术论文	Wang Haiyan, Wang Hongjun	Proceedings of ISTAI2014, Vol.1：268-273. CPCI检索 WOS：000361159400048

续表3

序号	成果名称	成果形式	作者	备注
23	Smart Mobile Terminal Design of Classic Dongba Culture International Sharing Platform	学术论文	Wu Guoxin, Xu Xiaoli, Zhang Xu, et al	Proceedings of ISTAI2014, Vol.1：296-301. CPCI检索 WOS：000361159400053
24	Research on Dongba Pictograph Character Recognition Methods	学术论文	Yang Meng, Xu Xiaoli, Wu Guoxin, et al	Proceedings of ISTAI2014, Vol.1：302-307. CPCI检索 WOS：000361159400054
25	Memory of the World — the Ancient Dongba Classics Manuscripts Catalog Study	学术论文	Ding Chunyan, Wu Guoxin, Yang Meng	Proceedings of ISTAI2014, Vol.1：314-319. CPCI检索 WOS：000361159400056
26	Shape Analysis of Ancient Naxi Pictographs	学术论文	Chen Xiao, Wang Hongjun, Xu Xiaoli	Proceedings of ISTAI2014, Vol.1：320-324. CPCI检索 WOS：000361159400057
27	Study of Information Architecture Design of Dongba Classic Sharing Platform Based on Flat Design	学术论文	Tang Xiaoxia, Jiang Ke	Proceedings of ISTAI2014, Vol.1: 325-329. CPCI检索 WOS：000361159400058
28	Metadata Specification for the Digitizing and Sharing of Dongba Manuscripts	学术论文	Chen Ruoyu	Proceedings of ISTAI2014, Vol.1：330-333. CPCI检索 WOS：000361159400059
29	Algorithm of Frequency Domain I/Q Data Compression Indistributed Antenna Systems	学术论文	Xu Zhan, Cheng Yabing, An Jianping, Liu Zheng	Proceedings of ISTAI2014, Vol.1：334-338. CPCI检索 WOS：000361159400060

续表4

序号	成果名称	成果形式	作者	备注
30	Construction of Corpus and Knowledge Database for Naxi Dongba Manuscripts Based on Internationally Sharing Platform	学术论文	Wang Haiyan, Wang Hongjun, Chen Xiao	Proceedings of IEMI2014, Vol.2：325–331. WOS：000374581900031
31	Study on Character Recognition of Naxi Dongba Hieroglyphs	学术论文	Wang Haiyan, Wang Hongjun, Xu Xiaoli	Instrumentation, 2016（1）：61–69.
32	Image Enhancement Algorithm of Dongba Manuscripts Based on Wavelet Analysis and Grey Relational Theory	学术论文	Xia Xinyu, Wu Guoxin, Zhu Chunmei, et al	Proceedings of IEMI2017, Vol.2：340–345. EI检索
33	东巴古籍跨学科调研	报纸报导	徐小力	中国社会科学报，2013.12.16
34	数字化东巴经典打造国际共享平台	报纸报导	张旭	中国社会科学报，2014.7.11
35	东巴古籍藏本调研	报纸报导	张旭	中国社会科学报，2013.9.18
36	为了必须记住的远古东巴文明	报纸报导	张旭	新民晚报，2017.6.8
37	面向东巴象形文字的智能图形识别方法研究	研究生学位论文	杨萌	北京信息科技大学2015届硕士研究生，导师徐小力
38	基于Android的东巴经典传承人机交互移动端设计	研究生学位论文	李虹	北京信息科技大学2017届硕士研究生，导师徐小力

续表5

序号	成果名称	成果形式	作者	备注
39	基于移动互联网技术实现东巴文化遗产的数字化传播	研究生学位论文	赵玉超	北京信息科技大学2017届硕士研究生，导师徐小力
40	东巴经典古籍数字资源库构建与共享技术研究	研究生学位论文	王玉娇	北京信息科技大学2017届硕士研究生，导师李宁
41	面向东巴语音的说话人识别方法研究	研究生学位论文	贾旭	北京信息科技大学2017届硕士研究生，导师吴国新
42	基于移动GIS的纳西村寨虚拟场景三维建模与漫游	研究生学位论文	张燕燕	北京信息科技大学2015届硕士研究生，导师申闫春
43	基于OpenGL ES移动平台的东巴文化虚拟博物馆关键技术研究	研究生学位论文	刘娜	北京信息科技大学2015届硕士研究生，导师申闫春
44	基于Unity3D移动平台的东巴文化虚拟艺术馆设计与实现	研究生学位论文	裴红娟	北京信息科技大学2015届硕士研究生，导师申闫春
45	移动平台东巴文化发布系统增强现实关键技术研究	研究生学位论文	谢孔凯	北京信息科技大学2015届硕士研究生，导师申闫春
46	基于认知心理的东巴经典数字化平台交互设计研究	研究生学位论文	汤小霞	北京信息科技大学2015届硕士研究生，导师姜可
47	Method for Establishing Digital Dongba Ancient Text Interpretive	国际发明专利	徐小力、吴国新、王红军等	国际申请号：PCT/CN2016/090275 专利权人：北京信息科技大学
48	Digital Global Sharing Platform Preserving Dongba Ancient Texts	国际发明专利	徐小力、吴国新、王红军等	国际申请号：PCT/CN2016/090274 专利权人：北京信息科技大学

续表6

序号	成果名称	成果形式	作者	备注
49	一种东巴象形文字识别方法	中国发明专利	徐小力、李宁、王宁等	授权号：ZL 201510220780.5 专利权人：北京信息科技大学
50	一种面向东巴象形文字的数字化获取与图像处理方法	中国发明专利	徐小力、吴国新、王红军等	授权号：ZL 201510220591.8 专利权人：北京信息科技大学
51	一种东巴文释读数据库建立方法	中国发明专利	徐小力、王红军、吴国新等	授权号：ZL 201510303392.3 专利权人：北京信息科技大学
52	基于图形拓扑特征进行识别的纳西东巴象形文字输入方法	中国发明专利	王海燕、王红军、陈晓	授权号：ZL 201510295773.1 专利权人：北京信息科技大学
53	一种东巴象形文字字素智能识别方法	中国发明专利	陈晓、王红军、王海燕	授权号：ZL 201510219254.7 专利权人：北京信息科技大学
54	一种东巴经典古籍传承体系数字化国际共享平台	中国发明专利	徐小力、吴国新、王红军等	授权号：ZL 201610304528.7 专利权人：北京信息科技大学
55	一种东巴经典古籍数字化释读库的建立方法	中国发明专利	徐小力、吴国新、王红军等	申请公布号：CN106021354A 专利权人：北京信息科技大学
56	一种东巴文献分类方法	中国发明专利	李宁、吕学强、陈玉敬等	申请公布号：CN105224689A 专利权人：北京信息科技大学
57	一种优化的东巴古籍图像增强方法	中国发明专利	吴国新、徐小力、夏欣雨等	申请号：201711031437.1 专利权人：北京信息科技大学
58	东巴经典古籍资源互操作协议系统（简称：DB-IP）1.0	软件著作权	李宁、王玉娇	证书号：软著登字第1906189号 著作权人：北京信息科技大学 登记号：2017SR320905

续表7

序号	成果名称	成果形式	作者	备注
59	东巴经典古籍资源元数据规范系统（简称：DB-META）1.0	软件著作权	李宁、王玉娇	证书号： 软著登字第1906177号 著作权人：北京信息科技大学 登记号：2017SR320893
60	东巴经典古籍资源管理系统（简称：DB-MS）1.0	软件著作权	李宁、王玉娇	证书号： 软著登字第1906110号 著作权人：北京信息科技大学 登记号：2017SR320826
61	东巴文献分类软件	软件著作权	吕学强、李宁	证书号： 软著登字第1131101号 著作权人：北京信息科技大学 登记号：2015SR244015
62	东巴经典古籍的图像处理App	软件著作权	吴国新、徐小力、赵玉超	证书号： 软著登字第1645151号 著作权人：北京信息科技大学 登记号：2017SR059867
63	东巴语音识别App	软件著作权	吴国新、丁春艳、徐小力	证书号： 软著登字第2030577号 著作权人：北京信息科技大学 登记号：2017SR445293
64	“世界记忆遗产”——东巴经典传承体系数字化国际共享平台（简称：东巴经典共享平台）V1.0	软件著作权	吴国新、王少红	证书号： 软著登字第1768012号 著作权人：北京信息科技大学 登记号：2017SR182728
65	基于PCA的图像特征获取系统V1.0	软件著作权	王红军	证书号： 软著登字第1906920号 著作权人：北京信息科技大学 登记号：2017SR321636
66	基于距离的文字识别与分类系统V1.0	软件著作权	王红军	证书号： 软著登字第1892526号 著作权人：北京信息科技大学 登记号：2017SR307242

续表8

序号	成果名称	成果形式	作者	备注
67	文字图像特征获取降噪预处理系统V1.0	软件著作权	王红军	证书号： 软著登字第1906410号 著作权人：北京信息科技大学 登记号：2017SR321126
68	纳西东巴经典古籍数字化词、句共享系统V1.0	软件著作权	王海燕、王红军	证书号： 软著登字第1039681号 著作权人：北京信息科技大学 登记号：2015SR152595
69	东巴古籍文献智能检索系统	软件系统	李宁、王玉娇	该软件系统应用于数字化国际共享平台的东巴古籍资料的信息处理，实现了对数据化东巴古籍的智能信息提取及搜索分析分类。
70	国际共享平台运行与管理软件系统	软件系统	吴国新、李东、王少红、姜可	该软件系统应用于数字化国际共享平台的网站运行、海量存储、远程通信及用户权限分级管理，实现了相关信息的输入、输出管理。
71	纳西东巴象形文字翻译系统	软件系统	吴国新、丁春艳、李东	该软件系统应用于东巴象形文字的输入，提供了纳西语—汉语互译的资料库，集成了纳西东巴文字计算语言平台。
72	东巴象形文字数据库与知识库软件系统	软件系统	王红军、王海燕、陈晓	该软件系统应用于数字化国际共享平台的释读数据库、知识库管理与利用，提供了东巴象形文字的智能识别的应用技术。
73	东巴文献分类与统计系统	软件系统	吕学强、李宁、陈玉敬	该软件系统应用于数字化国际共享平台的信息处理部分，实现了对网络文献的分类与统计分析。
74	东巴文化虚拟现实展示系统	软件系统	申闫春、李宁	该软件系统应用于数字化国际共享平台的虚拟展示，提供了东巴文化的VR交互展示方式。
75	田野里的东巴教文化	著作	和力民	北京：民族出版社，2016， 431千字

续表9

序号	成果名称	成果形式	作者	备注
76	东巴文考论稿	著作	和继全	北京：民族出版社，2017，200千字
77	探寻纳人古迁徙路	著作	和尚礼	北京：民族出版社，2016，230千字
78	神奇的纳西东巴文（Amazing Dongba Characters of Naxi）	中英文学术史料编著	蓝伟	昆明：云南民族出版社（待出版，合作研究及本项目资助出版）
79	《么些研究》（Les Moso）	法语译著	范豪毅	北京：线装书局（待出版，合作研究及本项目资助出版）
80	回归的东巴经卷（Le retour des manuscrits Dongba）、纳西族传统造纸术与其传承的文化（Fabrication traditionnelle du papier Naxi et de la culture qu’il transmit）	影视人类学纪录片	张旭、白枫	2015年获第十届巴黎中国电影节最佳人文纪录片奖。
81	东巴古籍数字化采集	数字化东巴古籍文件	张旭、白枫、丁春艳等	被数字化采集的东巴古籍来自国外11家、国内10家收藏机构，共3378册（含国外1229册）。其中全本采集的有2110册，非全本采集的有1268册。

续表10

序号	成果名称	成果形式	作者	备注
82	东巴古籍研究经典文献数字化采集（十余部，共约四万页）	数字文档	张旭、白枫、李宁、王红军等	1. 东方纳西手稿目录（择要英—中翻译），么些研究，在中国西南部纳西族的“ZHI MA”葬礼仪式，请灵书，英语—纳西语百科词典，纳西、摩梭民族志，哈佛大学燕京学社藏纳西东巴经书（5卷），纳西族图画文字《白蝙蝠取经记》研究（上、下），纳西祖先的领域——昆亭·罗斯福眼中的中国 2. 东巴文化历史照片、电影胶片《纳西人生活实录》及其他资料 3. 纳西东巴古籍译注全集、中国少数民族古籍总目提要（纳西族卷）、纳西族标音文字字典、纳西象形文字谱等
83	东巴经典释读、翻译与释读过程的视频记录（共19册）	数字音频、视频文件翻译文档	白枫、张旭、丁春艳等	英国国家图书馆《颂扬能者灵魂·偿债》《祭祀能者灵魂·设神坛》，英国曼彻斯特大学图书馆《降魔杵经》（上下卷）、《迎请“卡日尼甲大神”》，法国国家图书馆《创世纪》《用鸡祭“鬼”为人类偿债》，北京东巴文化艺术发展促进会《祭胜利神》《普赤乌鲁的故事》《请求“神树”赐予寿岁》，法国巴黎语言文化大学《黑白争战·冲破“鬼”设的障碍》《九个鸡蛋的来历》，美国国会图书馆《殉情的故事》，瑞典国家世界文化博物馆《祭神箭》《创世纪》《延寿经·压“鬼”》《灵魂历经“阴间”九道坡的过程》，法国远东学院《智慧与技能之传承》，法国吉美特博物馆《讲述供品的来历》

续表11

序号	成果名称	成果形式	作者	备注
84	用于平台的音像资源（视频素材总时长500余小时，照片15000余张，编辑并制作的资料片、纪录片20余部，由北京东巴文化艺术发展促进会、丽江市东巴文化研究院、北京信息科技大学等提供）	视频素材、照片、资料片、纪录片	白枫、张旭、李德静、李东、丁春艳等	1. 所拍照片参加了“纳西东巴古籍与文化——法国巴黎图片展”。 2. 东巴古籍释读视频资料片包括《祭祀能者灵魂·设神坛》《人类迁徙记》《黑白争战》《祭神箭》《智慧与技能之传承》。 3. 东巴文化纪录片包括《回归的东巴经卷》《纳西族传统造纸术与其传承的文化》。 （以上由北京东巴文化艺术发展促进会提供） 4. 东巴文化资料片包括《东巴面偶》《东巴什罗传》《哈那古·开坛经》《纳西历新年》《退口舌是非仪式》等。 （以上由丽江市东巴文化研究院提供） 5. 另有东巴文化纪录片《东巴文化的摇篮——三坝乡》《原生态的纳西社会——俄亚》《最后的“女儿国”——泸沽湖及其周边》《纳西民族文化之乡——白沙》《金生丽水——丽江古城》等。 （以上由北京信息科技大学等提供）
85	东巴经典国际音标—纳西语—汉语对照翻译（4册）	翻译文件	白庚胜、丁春艳、张旭等	法国国家图书馆《创世纪》、英国国家图书馆《颂扬能者灵魂·偿债》、法国巴黎语言文化大学《黑白争战·冲破“鬼”设的障碍》、英国曼彻斯特大学图书馆《降魔杵经》（上下卷）
86	东巴古籍编目资料	编目资料汇集	丁春艳、白庚胜、张旭等	研究工作中汇集与涉及的东巴古籍文献的编目资料超过6500册，经数字化编目的资料共计4524册，整理并分析了国内外18家主要收藏机构的馆藏东巴古籍编目资料。

续表12

序号	成果名称	成果形式	作者	备注
87	国内外研讨会议综合文集（约20万字）	综合文集	徐小力、张旭、王少红、丁春艳、李东等	ISTAI2014及其文化遗产保护的信息化技术国际研讨会（2014年9月，北京）、东巴古籍及东巴文化遗产的数字化保护国际研讨会（2017年10月，北京）、“寻找东巴古籍——法国巴黎图片展”及研讨会（2015年11月，巴黎）、“学术前沿论坛——国家社会科学基金重大项目·东巴古籍数字化国际共享平台研究”（2015年12月、2016年12月，北京），与纳西族聚集地区研究机构举办的多次专题研讨会（2013—2017年，丽江市等），汇编内容包括有关会议的全面介绍及部分与会专家的发言。
88	新闻媒体报导	媒体报导	项江涛、李凤鸣、顾洪洪等	中央电视台、北京电视台、《中国日报》、《中国社会科学报》、《北京日报》、《科技日报》、《北京晚报》、新华网、人民网、光明网、云南迪庆电视台等50余家媒体对此进行了百余次的报导。
89	国际馆藏东巴经典编目举要	专著	白庚胜、张旭等	精选并完成了358册东巴经典编目。
90	东巴古籍信息化保护与传承研究文集	论文集	徐小力	为“‘世界记忆遗产’——东巴经典传承体系数字化国际共享平台建设研究”论文集。

三、研究成果的独到贡献与创新

1. 提出以构建数字化国际共享平台的方式实现世界文化遗产“纳西东巴古籍”的保护、传承与国际共享的构想与方案，并通过跨学科大类的综合研究创建了该平台；在高度分散的东巴古籍收藏和研究机构之间建立了信息资源和研究成果的共享机制与途径，提供了面向研究者的资料库、数据库、知识库等有关资源。这一方法为东巴古籍的保护、传承与共享提供了新的途径，也为国内外文化遗产的保护、传承和宣介提供了可借鉴的新模式。

2. 通过广泛的国际合作，大规模采集被分散收藏于世界各地的东巴古籍，在实现对其数字化永久保存的同时，使大批流传海外的珍贵的东巴古籍（数字版）回归祖国。经过对其内容进行初步研究发现，其中不乏在国内已经绝迹了的经典，或即便国内有同名古籍，但由于书写年代、地域等不同，其内容也往往存在重要差别的古籍（例如更具学术价值的东巴经典《创世纪》）。因此这一成果将对东巴文化的研究与传承产生深远的影响。

3. 提供了东巴文化遗产的影视资料。由于目前能够准确释读东巴古籍的东巴已经屈指可数，请其抢救性地释读东巴经典，并以音频、视频的方式全方位地记录释读过程（多机位同步记录释读者的表情和口型、释读文字的内容、释读场景等），将为后世东巴语言文字的研究留下宝贵的资料。所采集的大量的反映东巴文化的数字化音频、视频、图片，以及编辑、制作的资料片、宣传片不仅体现了东巴古籍的释读语境和应用仪式，也是反映东巴文化现状的珍贵资料。

4. 提出并构建了东巴古籍的释读知识库、研究东巴文字及语音的计算机识别技术，以及东巴古籍的计算机辅助释读技术。

5. 提出并研究实现了东巴古籍及相关文献的数字化加工、信息提取、非结构化信息存储和检索，并应用于数字版《纳西东巴古籍译注全集（100卷）》和《中国少数民族古籍总目提要（纳西族卷）》的数据加工和信息提取，实现了用于信息互操作的网络协议，基于Web服务的东巴古籍数字资源远程访问，相关学术资源的联机分析、统计及可视化呈现，基于检索条件的内容重组与分发（包括声、图、文、像等媒体），基于虚拟现实的展示方式等技术。

6. 提供了用于东巴古籍传承与共享的现代信息化技术，参考《古籍元数据规范》《拓片元数据规范》《地方志元数据规范》等十多种面向著录对象的元数据规范，制定了尚处在空白状态下的东巴古籍元数据规范体系，明显提升了东巴古籍编目科学化、文献检索规范化的水平。例如面向东巴古籍及相关文献的信息化处理、存储与检索，数据库构建与管理，远程通信，互联网、多媒体展现，虚拟现实等信息技术成果可以被广泛应用于我国文化遗产的保护和传播。

7. 撰写、组织、编辑并出版了大量有关东巴文化保护的论著，组织了多次国内外学术会议，并赴国外进行东巴古籍保护的成果展览和宣传，彰显了国家重大项目对整个纳西东巴文化保护和研究工作的带动及辐射作用，在国内外的相关领域产生了重要的影响。

四、研究项目及其成果的影响与评价

（一）媒体报道情况

自2013年项目开题以来，重要媒体对与本项目相关的国际学术会议、国内学术交流等学术活动，以及项目前期成果发布会等的报道共计110余次。

1. 具有代表性的电视台的报道情况

2013年6月25日，中央电视台《新闻联播》节目对本项目的重要意义及研究工作进行了报道。其报道的内容大致如下：纳西族东巴象形文字是当今世界上唯一还在使用的象形文字，目前能够释读这一文字的人却越来越少，东巴文字亟待抢救与传承。我国现已启动了东巴古籍数字化国际共享平台建设项目，并出版了相关的纳西学论著。该报道情况如图6–1所示。

图6–1　中央电视台《新闻联播》报道本项目研究情况

2013年5月10日，北京电视台对本项目的研究情况进行了报道。主要内容为：2013年4月至5月，项目组赴云南省香格里拉纳西族聚集乡村进行东巴古籍的释读及数字化摄录，走访了国家级东巴文化传承人、东巴、国家级非物质文化传承点等，在白水台与迪庆纳西学会进行了学术交流，聘请东巴文化的传承老人对新收集到的法国数字书馆的6部东巴古籍藏书进行了现场释读与翻译、数字化摄录、编目等，如图6–2所示。

图6-2 北京电视台新闻节目（2013年5月10日）对本项目的研究工作进行了报道

2013年7月7日，云南迪庆电视台《关注》节目对本项目进行了专题报道。以“留住历史的记忆”为题，分别对释读国外东巴古籍藏本的老东巴和项目组成员进行了采访。

2. 代表性报刊对项目研究的报道情况

2013年6月28日,《中国社会科学报》以“实现纳西文化研究中心的回归与坚守”为题，报道了本项目的开题会、成果发布会，项目研究的重要意义等内容：中国纳西学的研究已实现了纳西文化研究中心的回归，纳西学的研究还将促进地方文化遗产的保护、文化产业的发展、民族文化城市建设、对外文化交流等的有机结合，不仅在强化民族内聚力、提高民族自信心与自豪感、推动社会和谐方面作用重大，而且将产生巨大的经济效益与社会效益，如图6-3所示。

实现纳西文化研究中心的回归与坚守

2013年06月28日 15:06　来源：中国社会科学在线　作者：记者 项江涛　浏览：173 次　我要评论
字号：大 中 小

中国社会科学在线讯　（记者 项江涛）6月22日，国家社会科学基金重大项目《“世界记忆遗”东巴经典传承体系数字化国际共享平台建设研究》开题讨论及纳西学相关研究成果发布会在京召开，50余位学者就项目研究的开展及纳西学的发展趋向等问题进行了深入探讨。

创建世界文化共享平台

纳西族东巴象形文是当今世界上唯一还在使用的象形文字，纳西族东巴经典古籍2003年被联合国教科文组织列为“世界记忆遗产”。但目前，大多数东巴经典的原始手稿分别被十多个国家的相关机构收藏，学术研究处于分散型态且彼此沟通不便。据《“世界记忆遗”东巴经典传承体系数字化国际共享平台建设研究》项目首席专家、北京信息科技大学教授徐小力介绍，东巴经典是由具有独特图形及发音的象形文写成，目前能释读该文字的老东巴祭司已寥寥无几，亟待进行高效、高质量的抢救与传承。该项目将通过文、理、工大跨度学科交叉及国际合作的途径，在发源地国家首先研究构建面向全球东巴典籍的国际共享信息平台，运用数字网络化的现代信息科技手段进行东巴经典文化信息的获取、处理、存储及传播。东巴经典具有世界范围大量收藏特点，是国际学术研究热点，有大量国际化研究需求，国际共享平台的研究构建将有广泛利用前景。

该国家重大项目由北京信息科技大学、北京东巴文化艺术发展促进会、丽江市东巴文化研究院（云南省社会科学院丽江分院）、迪庆纳西学会等共同承担。项目的主要内容包括：提出信息共享方式，与联合国、国内外相关博物馆、图书馆、大学研究院所等合作，建立能够采集、汇集及共享来自国内外代表性东巴经典古籍信息的途径；调研、汇集、分析与整理东巴经典信息，进行代表性田野搜集并请东巴祭司释读，提炼释读方法，完成数字化编目；提供数字化加工与检索方式，提供基于搜索引擎的多种信息检索、搜索及统计方法，提出数字网络化的现代传播手段及信息发布与管理方法；研究数字网络化国际共享信息平台建设方案，提供基于国际共享平台的可异地远程进行学术研究与互动交流环境和技术支撑；针对东巴象形文的特点及难点，提供面向东巴象形文字的释读数据库、知识库及知识挖掘工具等，提供基于平台的东巴象形文数字化释读手段，构建数字化档案库等。

项目将完成代表性信息的数字采集、释读与编目；开展国际共享机制与国际合作研究；提出传承体系国际共享平台实现途径；提供象形文数字化加工与检索方式；研究基于共享平台的信息共享与传播方法；提出东巴象形文信息利用及管理方法；拟联接世界记忆工程的3个数据库（失去的记忆、濒危的记忆、目前的活动）。

探索跨学科东巴文化研究之路

图6-3　2013年6月28日《中国社会科学报》的报道

2013年9月18日和12月16日，项目组首席专家及成员在《中国社会科学报》以“行走在田野”为题发表了系列报道《东巴古籍藏本调研》和《东巴古籍跨学科调研》，如图6-4所示。项目组成员在偏远山区不懈努力，在高原缺氧、身体不适的艰苦条件下坚持工作，为抢救和保护濒危的东巴文化，使其免于迅速消亡做出了重要贡献；东巴经典具有在世界范围内被大量收藏的特点，是国际学术研究的热点，有着大量的国际化研究需求。其所构建的国际共享平台有着广泛的利用前景，不仅可以实现东巴文化的信息化传播，也能大大促进文化产业的发展。

B04 学林

中国社会科学报

培养人民满意的教师

——我的教师教育心得

名家与图书馆

李大钊：

“中国现代图书馆之父”

东巴古籍藏本调研

中国社会科学报

学林 B01

巨匠规矩 金针度人

——记历史学家、古文字学家李学勤

马约翰印象

惊访耆宿诗人纪弦

东巴古籍跨学科调研

图6–4 2013年9月18日和12月16日《中国社会科学报》的报道

2014年7月2日，《中国社会科学报》对本项目首席专家进行了专访，从重大项目研究背景、建设东巴经典传承体系数字化国际共享平台的意义、项目跨学科综合研究的创新及目前研究的重要进展几方面进行了报道，如图6–5所示。

B04 国家社科基金

中国社会科学报

中国共产党历史观的理论品格

国外核心价值观传播管窥

建设东巴文化数字化国际共享平台

——访国家社科基金重大项目首席专家徐小力

图6–5　2014年7月2日《中国社会科学报》的报道

2016年12月30日，《中国社会科学报》以“建设东巴古籍数字化国际共享平台”为题，对本项目的研究进展、项目组召开的“研究创建东巴古籍数字化国际共享平台”论坛等工作内容进行了跟踪报道，如图6–6所示。其主要内容有：12月25日，“研究创建东巴古籍数字化国际共享平台”论坛在京召开。论坛以“‘世界记忆遗产’——东巴古籍传承与跨学科数字化创新”为主题，探讨了东巴古籍文化遗产抢救与传承的数字化模式。据悉，相关研究采用文、理、工学科交叉及国际合作的途径，抢救性地采集分散在海内外的东巴古籍藏本的数据，构建面向东巴象形文字的数字化国际共享平台，实现濒危状况下的东巴古籍及东巴文化的传承与传播。

2 资讯
2016年12月30日 星期五

“一带一路”为东方学研究提供良机

动态

建设东巴古籍数字化国际共享平台

简讯

“身份缺失”是口述史发展瓶颈

图6–6　2016年12月30日《中国社会科学报》的报道

3. 新闻媒体对若干项目研究活动的报导情况

项目在启动年度引起了众多新闻媒体对项目研究的极大关注，主要新闻媒体报导情况如表6-1所示。

表6-1　项目启动年度主要新闻媒体对项目研究的报导情况

序号	发布单位	来源	记者	时间	网址
1	人民网	人民网	李凤鸣	2013-06-24	http://culture.people.com.cn/n/2013/0624/c70889-21948874.html
2	人民网	《科技日报》	张国芳	2013-07-03	http://scitech.people.com.cn/n/2013/0703/c1057-22054055.html
3	中国出版网	《中国新闻出版报》	顾洪洪	2013-07-04	http://www.chuban.cc/sz/dt/201307/t20130704_143166.html
4	中国经济网	新华社	顾洪洪	2013-06-26	http://www.ce.cn/culture/gd/201306/26/t20130626_24515729.shtml
5	香港新闻网	《中国文化报》	顾洪洪	2013-06-26	http://www.hkcna.hk/content/2013/0626/200415.shtml
6	大公网	新华社	顾洪洪	2013-06-26	http://news.takungpao.com/society/topnews/2013-06/1715721.html
7	广东文化网	《中国文化报》	顾洪洪	2013-06-28	http://www.gdwh.com.cn/whyc/2013/0628/article_3440.html
8	环球网	新华社	顾洪洪	2013-06-26	http://china.huanqiu.com/hot/2013-06/4065691.html
9	搜狐网	中国新闻出版网/报	顾洪洪	2013-07-04	http://roll.sohu.com/20130704/n380687306.shtml
10	Donews	新华社	顾洪洪	2013-06-15	http://www.donews.com/media/201306/1534571.shtm

续表

序号	发布单位	来源	记者	时间	网址
11	北方网	新华社	顾洪洪	2013-06-26	http://news.enorth.com.cn/system/2013/06/26/011098582.shtml
12	《新乡日报》电子版	新华社	顾洪洪	2013-06-26	http://rb.xxrb.com.cn/html/2013-06/26/content_145484.htm
13	雅昌首页	新华社	顾洪洪	2013-06-26	http://news.artron.net/20130626/n468504.html

2014年9月，项目责任单位主办的ISTAI2014（2014国际自动化测试与仪器仪表学术会议，为中国科协重点规划学术会议）在北京京瑞大酒店召开，本次会议以“文化遗产保护的信息化技术”为重要主题并专门召开了“文化遗产保护的信息化技术”国际研讨会（本项目首席专家徐小力教授为大会执行主席，会议标注了本项目资助）。支持本项目的联合国教科文组织信息处代表安卓先生、国际知名专家（来自德国、法国、奥地利、瑞士等国）及国内相关学者（来自北京东巴文化艺术发展促进会、云南省社科院、丽江市东巴文化研究院等）共百余人就本项目的一些具体情况进行了交流，并得到了《人民日报》、人民网、《北京日报》、光明网、新华网、中国社会科学网等重要新闻媒体的关注与报导。有关报导情况如表6-2所示。

表 6-2 主要新闻媒体对以国际会议为背景的项目研究的报导情况

序号	发布单位	来源	记者	时间	报导名称及网址
1	中国社会科学网	中国社会科学网	项江涛	2014-09-29	“用信息化技术传承世界记忆遗产”国际研讨会举行 http://joul.cssn.cn/zx/bwyc/201409/t20140929_1347304.shtml
2	人民网	人民网	李凤鸣	2014-09-26	“用信息化技术传承世界记忆遗产”国际研讨会在京举行 http://scitech.people.com.cn/n/2014/0926/c1007-25743808.html
3	《北京晚报》	北晚新视觉	不祥	2014-10-12	用科技信息化技术传承“世界记忆遗产”东巴文化 http://www.takefoto.cn/viewnews-191634.html
4	中国网（英文稿）	China.org.cn	Wu Jin	2014-09-26	Digital Technology Applied to Save Endangered Culture http://www.china.org.cn/arts/2014-09/26/content_33623715.htm
5	中国网	China.org.cn	吴瑾	2014-09-29	数字技术欲拯救东巴濒危文化 http://www.china.org.cn/chinese/2014-09/29/content_33648151.htm
6	《中国日报》网络报导	China Daily	Wang Kaihao	2014-10-08	Keeping A Living Language Alive http://www.chinadaily.com.cn/culture/2014-10/08/content_18703424.htm

2015年11月，项目组代表赴法国进行了本项目的成果展示并进行了大会交流，与法国巴黎语言文化大学、法国远东学院联合举办了“寻找东巴古籍”专题研讨会，同时举办了“寻找东巴古籍——法国巴黎图片展”，展示了数字化东巴古籍的成果及课题组在纳西族聚集地的村中抢救性地释读、翻译东

巴古籍的工作场景图片等。包括中国网、《北京晚报》、国际在线等在内的众多国内外新闻媒体的报导情况如表6-3所示。

表6-3 主要新闻媒体对以国际交流活动为背景的项目研究的报导情况

序号	发布单位	来源	记者	时间	报导名称及网址
1	中国网（英文稿）	China. org. cn	Wu Jin	2015-11-16	Preserved Dongba Culture on Display in Pairs http://www.china.org.cn/arts/2015-11/16/content_37075639.htm
2	中国网	China. org. cn	辛闻	2015-11-12	在巴黎寻找东巴古籍：中国纳西族远古文明的遗存 http://news.china.com.cn/txt/2015-11/12/content_37047135.htm
3	国际在线	国际在线专稿	赵妍	2015-11-10	在巴黎寻找东巴古籍：中国纳西族远古文明的遗存 http://gb.cri.cn/42071/2015/11/10/8011s5161669.htm
4	《北京晚报》	北晚新视觉	阎彤	2015-11-12	在巴黎寻找东巴古籍：中国纳西族远古文明的遗存 http://www.takefoto.cn/viewnews-589369.html? from=groupmessage&isappinstalled=0
5	凤凰资讯	国际在线	谷雨	2015-11-10	在巴黎寻找东巴古籍：中国纳西族远古文明的遗存 http://news.ifeng.com/a/20151110/46189323_0.shtml
6	华龙网	国际在线	谷雨	2015-11-10	在巴黎寻找东巴古籍：中国纳西族远古文明的遗存 http://news.cqnews.net/html/2015-11/10/content_35729361.htm

续表

序号	发布单位	来源	记者	时间	报导名称及网址
7	新浪网·新浪收藏	北晚新视觉	阎彤	2015-11-12	在巴黎寻找东巴古籍：中国纳西族远古文明的遗存 http://collection.sina.com.cn/gjsb/2015-11-12/doc-ifxkszhk0205269.shtml
8	新浪网·新浪新闻	国际在线	谷雨	2015-11-13	在巴黎寻找东巴古籍：中国纳西族远古文明的遗存 http://news.sina.com.cn/o/2015-11-13/doc-ifxksqku2962990.shtml

2015年12月，项目组承办了"'世界记忆遗产'——东巴古籍传承与跨学科数字化创新"学术前沿论坛，暨国家社会科学基金重大项目12&ZD234东巴古籍数字化国际共享平台研究论坛。本次论坛的主题是"'世界记忆遗产'——东巴古籍传承与跨学科数字化创新"。参加者有包括项目首席专家在内的项目组成员，参加的单位包括北京市社会科学界联合会、北京东巴文化艺术发展促进会、北京信息科技大学、北京师范大学、中央民族大学、中国文学艺术界联合会、中国作家协会、中国戏曲学院、北京蓝深科创科技有限公司、《光明日报》等，还有在京单位的专家、学者，以及参加项目的研究生。中国社会科学网、大众网、中国网、中国青年网等众多新闻媒体对此进行了报导，如表6-4所示。

表 6-4 主要新闻媒体对以 2015 学术前沿论坛为背景的项目研究的报导情况

序号	发布单位	来源	记者	时间	报导名称及网址
1	中国社会科学网	《中国社会科学报》	项江涛	2015-12-30	跨学科数字化推动东巴经典传承 http://pic.cssn.cn/sf/bwsf_zhlwz/201512/t20151230_2807221.shtml
2	中国网	China. org. cn	吴瑾	2015-12-30	学者聚焦东巴古籍传承与跨学科数字化创新研究 http://www.china.org.cn/chinese/2015-12/30/content_37421715.htm
3	中国网（英文稿）	China. org. cn	Wu Jin	2015-12-29	Experts Press ahead with Dongba Culture Protection http://www.china.org.cn/arts/2015-12/29/content_37416622.htm
4	中国青年网	光明网	郭超	2016-01-13	东巴古籍传承与跨学科数字化创新学术论坛举行 http://www.youth.cn/preview/news.youth.cn/gn/201601/t20160113_7523132.htm
5	今日头条	中国西藏网	不祥	2015-12-31	学界探讨东巴古籍传承与跨学科数字化创新研究 http://toutiao.com/i6234246479863611906/
6	大众网	中国青年网	丁春艳	2016-01-13	东巴古籍传承与跨学科数字化创新学术论坛举行 http://www.dzwww.com/xinwen/guoneixinwen/ 201601/t20160113_13681255.htm

2016年12月，项目组承办了在北京市社会科学界联合会举办的“2016学术前沿论坛·ADCA专场——研究创建东巴古籍数字化国际共享平台”学术论坛，来自北京市多家单位的专家、学者及在校研究生参加了此次论坛。论

坛以“‘世界记忆遗产’——东巴古籍传承与跨学科数字化创新”为主题，探讨了东巴经典文化遗产抢救与传承的数字化模式。这次会议论坛得到了光明网、《北京晚报》、中国社会科学网、中国网等十多家新闻媒体的报导，如表6–5所示。

表6–5　主要新闻媒体对以2016学术前沿论坛为背景的项目研究的报导情况

序号	发布单位	来源	记者	时间	报导名称及网址
1	《中国日报》网络报导	China Daily	Wang Kaihao	2016–12–27	Symposium on Digitizing Dongba Pictographs Held in Beijing http://www.chinadaily.com.cn/culture/2016–12/27/content_27790940.htm
2	《北京晚报》	北晚新视觉	阎彤	2016–12–28	2016学术前沿论坛：研究创建东巴古籍数字化国际共享平台 http://www.takefoto.cn/viewnews–1020543.html?winzoom=1
3	中国社会科学网	中国社会科学网	项江涛	2016–12–28	东巴古籍数字化国际共享平台取得新进展 http://www.cssn.cn/wh/wh_whrd/201612/t20161228_3362266.shtml
4	中国社会科学杂志社网	《中国社会科学报》2016年12月30日第1121期	项江涛	2016–12–30	建设东巴古籍数字化国际共享平台 http://sscp.cssn.cn/xkpd/xszx/gn/201612/t20161230_3364291.html
5	中国网（英文稿）	China.org.cn	Ding Chunyan, Wu Jin	2017–01–01	Lost Ritual Scripts of Dongba Culture Retrieved http://www.china.org.cn/arts/2017–01/01/content_40013357.htm

续表

序号	发布单位	来源	记者	时间	报导名称及网址
6	光明网	光明网	金振蓉	2017-01-04	我国学者研究创建东巴古籍数字化国际共享平台 http://culture.gmw.cn/2017-01/04/content_23406081.htm
7	搜狐网	光明网	金振蓉	2017-01-04	我国学者研究创建东巴古籍数字化国际共享平台 http://mt.sohu.com/20170104/n477796089.shtml
8	中国与非洲网	中国与非洲网	王秉仪	2016-12-28	创建东巴古籍数字化国际共享平台 http://www.chinafrica.cn/chinese/mrxw/201612/t20161228_800084284.html

（二）研究成果的社会评价

项目研究的阶段成果引起了众多新闻媒体的广泛关注，例如开题论证会、学术研讨会等分别得到了中央电视台、北京电视台、《中国日报》、《中国社会科学报》、《北京日报》、《科技日报》、新华网、人民网、光明网等众多媒体上百次的宣传和报导。

1. 联合国教科文组织代表的评价

研究成果受到了联合国教科文组织的高度重视。联合国教科文组织北京办公室信息传播处负责人、负责东亚地区世界遗产的官员安卓先生和其助理曾庆怡女士曾多次参与了项目组研究工作研讨及项目组组织的国际学术会议。

2013年1月28日，安卓先生在于北京信息科技大学召开的项目组与联合国教科文组织研讨会中高度评价了项目工作："我深深懂得此项课题的深远意义，数字化国际共享平台这种模式可以推广至世界范围的世界记忆遗产工程。”

2013年3月19日，安卓先生等观看了项目组拍摄于香格里拉的两部纪录片的精缩剪辑版本中对和志本东巴的采访，东巴对经书的释读、翻译，以及音频、视频记录后给予了高度评价：“项目通过用音频、视频记录东巴的释读和翻译来研究东巴古籍的做法是抢救‘世界记忆遗产’的一种创新。”

2015年5月20日，安卓先生在项目组在法国巴黎语言文化大学举行的“寻找东巴古籍”的研讨会和“纳西东巴古籍与文化——法国巴黎图片展”的工作研讨中提出，经过整理的古籍和相关资料应该尽快上线，尽快对学术界开放，并逐步发展到免费向公众开放。这一举措将有利于培养继承文化遗产的年轻东巴，激发年轻东巴对民族传统文化的热情，并引起更多的人关注东巴古籍保护工作乃至为其贡献力量。他表示，将帮助联系各方人员，并向外界宣传促进会抢救性地整理东巴古籍的过程，以寻求更多的外界支持。他还将帮助邀请世界上的其他博物馆，支持项目组建立资料库等。

2. 国外相关专家、学者的评价

研究成果得到了国外相关专家及权威学者的充分肯定。部分国外收藏机构正是由于看到了项目的研究成果，表达了相关的合作意愿并同意项目组前去采集馆藏东巴古籍。瑞士苏黎世大学民族学博物馆馆长、《纳西、摩梭民族志》著者、“东巴古籍国际共享联盟”的倡导者奥皮茨教授评价说：“我对项目组用一种全新的方式数字化处理纳西族手稿而非常感动，这对纳西族的未来工作和保护工程来说是非常重要的。”

3. 国内权威学者及东巴文化传承人等的评价

研究成果得到了国内相关学者的高度评价。我国文化遗产数字化保护著名专家、北京市文化遗产数字化保护虚拟现实重点实验室主任、北京师范大学教授周明全认为，本研究工作是实现“用科学还原历史，让技术承载文化”的有效途径。

丽江文化研究会、丽江纳西文化研究会杨国清会长评价说，项目成果对于抢救东巴传统文化非常及时，是丽江东巴文化保护机构及工作者们的迫切需要。纳西东巴文化传承人、著名东巴习尚洪先生见到项目组采集的东巴古籍时异常激动地说：有的古籍只在小时候听说过，东巴经典的回归可以使已失传的文化传统得以恢复并传承。项目组采集的东巴古籍可以帮助恢复、传承已失传的东巴仪式。

（三）研究成果的社会价值

1. 有助于纳西族特有的东巴经典文化资源的保护、抢救与传承。目前，大多数东巴经典的原始手稿被十多个国家的著名机构收藏，因此该领域的学术研究处于分散状态，沟通不便，且能释读东巴象形文字的老东巴都已年逾古稀，东巴经典的传承正处于濒危状态。项目提供的东巴古籍国际信息共享平台适应古老的东巴古籍在世界范围内广泛分布的特点，能够及时通过老东巴对新发现的濒危的东巴古籍的释读和学者的研究，迅速改变东巴古籍这一世界记忆遗产所面临的老化、损毁、消失的危险，实现其在全球的高效、广泛的展示。

2. 东巴经典具有在世界范围内被大量收藏的特点，是国际学术研究的热点，有大量的国际化研究需求，因此该国际共享平台具有高效、广泛的利用前景。该平台提供的收藏信息资源及国际共享机制，适应了东巴古籍这一世界记忆遗产在非来源地国家被大量收藏的特点，有利于各国收藏机构及收藏人士的收集整理及分类编目，使沉寂多年的东巴文化档案能够发挥其应有的价值；该平台提供的与世界各收藏机构互联的学术交流环境，可为国际的研究机构及学者们提供深层的学术交流及研讨的平台。

3. 建立的面向数据信息的开放式柔性资源素材池、数据库、知识库及智能挖掘方法有利于实现纳西族文化资源在世界范围内的信息共享、传承、传播与交流，它所提供的东巴古籍数字化资源国际共享平台与联合国教科文组织世界记忆工程数据库（MOW）的互联方式有利于实现面向世界的我国民族文化数字资源的国际共享。

所提出的东巴象形文字的图像文字特征识别方法、模型和图像的智能信息处理技术等能够实现东巴古籍象形文字及相关文物的数字图像修补与数字虚拟展示，为纳西东巴古籍及文化的保护与传承提供了现代科技手段。

4. 利用该平台提供的学术交流环境有助于加强我国民族及民间文化的创新研究，有利于进一步揭示世界上原始宗教与民族的关系，以及中华远古文化的源流及变迁的历史。比如，类似东巴文化所崇尚的人与自然的和谐、统一，各民族的团结、和睦，自然环境的保护等基本精神，有利于当今文明社会的和谐与稳定。

（四）应用推广前景

1. 纳西族民间传统文化艺术资源往往都被少数东巴、民间艺人、研究学者等熟悉并掌握，尤其表现为当前东巴古籍只有少数的老东巴才能够释读，且文化遗产正处于老化、损毁、消失的濒危状态。该项目提供了数据采集及释读的工作手段，所构建的文化艺术资源公共服务信息平台为老东巴进行东巴象形文字的高效、高质量的释读提供了技术支持；它能够通过老东巴的释读及翻译对新发现的濒危的东巴古籍进行及时的整理、分类及编目，实现纳西东巴古籍及纳西东巴文化的抢救、保护、传承与共享，改变东巴古籍濒临灭绝的状态。

2. 所构建的公共服务信息平台有在世界上被广泛利用的前景。为适应古老的东巴遗产在世界范围内被大量收藏且广泛分布的特点，该平台拟嵌入或链接到十多个国家及地区的收藏机构（如中国台湾、法国、英国、德国、瑞士、美国、西班牙、瑞典、荷兰、加拿大等著名图书馆、博物馆、博物院等）。目前项目组与上述国家及地区均开展了前期合作与接洽交流，这将有利于所建平台与联合国教科文组织世界记忆工程数据库（MOW）的互联，有利于实现世界遗产的国际共享与传播，使东巴文化遗产发挥其应有的价值。

3. 纳西东巴文化是国际学术研究的热点，具有大量的国际化研究需求。所构建的信息平台能够提供收藏信息资源及国际共享机制，能够提供不受时空限制进行异地远程信息获取、处理、存储、共享、传播的数字化环境，改变该项学术研究处于分散状态且沟通不便的窘境；信息平台提供的与世界各收藏机构互联的学术交流环境则有利于国际间研究机构、学者们实现远程和在线的深层学术交流及研讨。

4. 所提供的面向纳西东巴象形文字的图像识别、数据处理、数据存储、数字信息展示等方法及建立的平台系统能够为纳西东巴文化，以及古籍的保护与传承提供现代科技手段，实现纳西东巴古籍及纳西东巴文化数字信息的处理、传播与展示。

5. 该项目有助于通过对东巴古籍及东巴文化的研究，进一步揭示世界上原始宗教与民族的关系，以及中华远古文化的源流及变迁的历史。东巴文化所崇尚的人与自然的和谐、统一，各民族的团结、和睦，自然环境的保护等基本精神，有利于当今文明社会的和谐与稳定。

6. 该项目有利于进一步构建纳西东巴文化公共服务信息平台，直接应用于我国主要的图书馆、博物馆、博物院等收藏机构，如中国国家图书馆、南京博物院、丽江市东巴文化研究院、中央民族大学图书馆、北京信息科技大学、云南省丽江玉龙纳西族自治县图书馆、北京东巴文化艺术发展促进会、丽江市博物院、云南民族大学、云南省图书馆、云南民族博物馆、云南省博物馆、云南省少数民族古籍整理出版规划办公室、云南泸沽湖摩梭民俗博物馆等。

7. 鉴于纳西族聚集区域是当今世界上罕见的聚集着三种世界遗产的地

区（纳西东巴古籍——世界记忆遗产，丽江古城——世界文化遗产，三江并流——世界自然遗产），具备巨大的旅游业资源和丰富的文化服务业需求，所构建的公共服务信息平台能够在实现东巴文化信息化传播的同时，大力促进文化产业及文化服务业的发展。信息平台经进一步完善后可以应用于旅游景区及文化、民俗展馆，如丽江古城及黑龙潭景区、丽江玉水寨景区、丽江玉龙雪山景区、“印象丽江”文化展示项目、丽江云杉坪景区、丽江东巴大峡谷景区、香格里拉白水台及滋吾村景区、泸沽湖景区等。

第七章　项目的主要完成单位及项目组主要完成人员

一、项目组的主要完成单位

项目责任单位：北京信息科技大学（研究基地：现代测控技术教育部重点实验室、网络文化与数字传播北京市重点实验室等）

项目合作单位：北京东巴文化艺术发展促进会
丽江市东巴文化研究院（云南省社会科学院丽江分院）
迪庆纳西学会（纳罕文化传研中心、国家级非物质文化纳西造纸技艺传承点）等

二、项目组主要完成人员

项目组主要完成人员及其承担任务情况如表7-1所示。表中所列人员均经责任单位北京信息科技大学同意、北京市哲学社会科学规划办公室批准、全国哲学社会科学规划办公室审批。

表 7-1　项目组主要完成人员及其承担任务情况一览

序号	姓名	出生年月	性别	职称/职务	学位	专长	承担任务	子课题项目组
	徐小力	1951.10	男	教授、现代测控技术教育部重点实验室主任	博士	系统信息化方法与技术研究、东巴古籍及文化数字化保护	负责"'世界记忆遗产'——东巴经典传承体系数字化国际共享平台建设研究"	首席专家
1-1	张旭	1955.2	女	副教授、北京东巴文化艺术发展促进会会长	学士	东巴古籍及文化的信息获取，音频、视频记录及国内外交流	负责东巴古籍数字化采集、释读及音像记录，国内学术交流，国际合作	子课题1组负责人
1-2	白枫	1955.1	男	一级导演	学士	东巴古籍采集影视的记录与编导	东巴古籍资料采集和释读过程音频、视频记录	子课题1组核心成员
1-3	田松	1965.12	男	教授	博士	哲学、人类学研究	东巴文化研究与国际合作交流	子课题1组核心成员
1-4	姜力	1963.4	男	教授	学士	传统文化的摄录与研究	各国收藏机构东巴文化学术资料信息数字化采集	子课题1组核心成员
1-5	龙文	1976.7	男	编辑	硕士	知识产权、民间文化的法律保护	收藏机构东巴古籍共享、知识产权研究和实施	子课题1组核心成员
1-6	曹立君	1961.9	男	编导	学士	数字文化资料的摄影及编导	东巴古籍资料释读过程记录、编辑、整理等	子课题1组成员
1-7	窦清风	1956.6	女	高级编辑	硕士	文字编辑及传媒策划	东巴古籍的信息编辑与传播	子课题1组成员

续表1

序号	姓名	出生年月	性别	职称/职务	学位	专长	承担任务	子课题项目组
1–8	白羲（纳西族）	1988. 4	女	翻译	硕士	纳西文化遗产传播研究与翻译	东巴古籍的外文翻译	子课题1组成员
1–9	马雅莎	1957. 3	女	高级工程师	硕士	民族文化信息研究	东巴古籍的汇集与整理	子课题1组成员
1–10	杨玲华（纳西族）	1976. 7	男	迪庆纳西学会副秘书长	学士	东巴文化的抢救与传承研究	收藏机构东巴古籍藏本电子版制作和注音	子课题1组成员
1–11	窦佳乐	1984. 1	女	促进会会长助理	硕士	东巴象形文字舞谱艺术传承研究	云南纳西族地区田野调查、东巴访谈及救助	子课题1组成员
2–1	白庚胜（纳西族）	1957. 2	男	研究员、国际纳西学会会长	博士	纳西族语言文化、人类学、宗教学、文学研究	东巴古籍的整理、翻译、编目，组织著作出版、国际学术交流	子课题2组负责人
2–2	杨福泉（纳西族）	1955. 9	男	教授	博士	民族学、人类学、历史学研究	东巴古籍及相关资料的编目、编辑和分析	子课题2组核心成员
2–3	和力民（纳西族）	1955. 12	男	研究员	学士	东巴文化及象形文字研究	东巴古籍的分类、整理、编目、翻译、注音和注释	子课题2组核心成员
2–4	杨正文（已故，纳西族）	1943. 11	男	迪庆纳西学会原会长	学士	东巴古籍、东巴文化及其传承研究	云南香格里拉东巴经典的分类、编目、翻译与注释	子课题2组核心成员
2–5	丁春艳	1985. 3	女	教师	硕士	东巴文化研究、文献采集与编辑	东巴古籍的翻译与整理、各子课题组工作的协调	子课题2组核心成员

续表2

序号	姓名	出生年月	性别	职称/职务	学位	专长	承担任务	子课题项目组
2-6	李国文	1950. 5	男	教授	学士	民族学、宗教学、东巴古籍研究	主持古籍资料的审核与修编	子课题2组成员
2-7	李静生（纳西族）	1948. 11	男	研究员	学士	东巴象形文字及汉古文字研究	东巴经典象形文字翻译、整理与编目研究	子课题2组成员
2-8	王世英（纳西族）	1947. 2	男	研究员	学士	东巴经书及其象形文字释读与翻译	东巴经典象形文字翻译、分类、释读、整理与编目	子课题2组成员
2-9	和继全（纳西族）	1974. 1	男	副研究员	博士	东巴古籍研究和传统文化传承	语音字的范围、类型、特征分析、内容分类、精翻	子课题2组成员
3-1	李宁	1964. 5	男	教授、网络文化与数字传播北京市重点实验室主任	博士	置标语言与文档信息处理、网络化传播技术研究	东巴古籍信息化处理、网络检索、传播方式等共享平台关键技术研究	子课题3组负责人
3-2	吕学强	1970. 9	男	教授	博士	网络文化与数字传播技术研究	数字化东巴文化资料管理、信息搜索引擎研究	子课题3组核心成员
3-3	申闫春	1957. 12	男	教授	博士	虚拟现实与系统仿真研究	多媒体数字化重现、虚拟现实与动画展示	子课题3组核心成员
3-4	陈若愚	1982. 1	男	讲师	博士	计算机技术与应用研究	东巴象形文字元数据设计与开发	子课题3组核心成员
3-5	李例芬（纳西族）	1949. 9	女	研究员	学士	东巴古籍、语言及其自然观研究	纳西民族风情、天文、地理等文化信息研究	子课题3组核心成员

续表3

序号	姓名	出生年月	性别	职称/职务	学位	专长	承担任务	子课题项目组
3-6	李卓	1983.9	男	讲师	博士	网络通信与数据安全研究	基于互联网、无线网络的东巴文化信息传播方式研究	子课题3组成员
3-7	梁冬梅	1961.12	女	教授	学士	数字化文化传播研究	数字化文化传播及多媒体研究	子课题3组成员
3-8	马超	1979.9	男	副研究员	博士	数据处理与智能分析	东巴文化传播与检索系统软件开发与实现研究	子课题3组成员
3-9	邢济收	1962.3	男	副教授	博士	多学科综合管理与研究	古籍文献的交叉学科知识加工与利用研究	子课题3组成员
4-1	吴国新	1977.10	男	研究员	博士	远程异地信息网络平台构建及其共享技术研究	东巴经典数字化国际共享平台建设方案及运行机制研究	子课题4组负责人
4-2	李东	1959.4	男	教授	硕士	视频信息获取与处理方法研究	东巴文化音频、视频信息采集与分析	子课题4组核心成员
4-3	徐湛	1982.3	男	副研究员	博士	信息平台数字网络传输技术研究	共享平台信息传输及远程网络传播方式研究	子课题4组核心成员
4-4	赵世红（纳西族）	1954.10	男	研究员	学士	东巴古籍研究	东巴古籍的翻译、整理指导	子课题4组核心成员
4-5	王少红	1977.8	女	副研究员	博士	数字化信息获取技术研究	共享平台管理、学术交流组织及项目财务管理	子课题4组核心成员

续表4

序号	姓名	出生年月	性别	职称/职务	学位	专长	承担任务	子课题项目组
4-6	姜可	1969. 8	女	教授	博士	数字化展示与交互设计	数字化平台交互系统设计	子课题4组成员
4-7	蒋章雷	1983. 1	男	助理研究员	博士	信息融合与智能分析	国际共享信息平台互联研究	子课题4组成员
4-8	陈涛	1980. 12	女	助理研究员	博士	信息数字化技术与应用研究	共享平台的实验研究与配套软件调试	子课题4组成员
4-9	朱春梅	1971. 7	女	副教授	博士	数字化信息分析与智能处理	东巴文化共享平台网站及多终端阅读支持研究	子课题4组成员
4-10	左云波	1980. 1	男	副研究员	博士	远程信息平台构建研究	共享信息平台构建与运行机制研究	子课题4组成员
5-1	王红军	1966. 8	女	教授、现代测控技术教育部重点实验室副主任	博士	开放网络数据库、知识库、信息知识的挖掘及检索	东巴古籍数据库、知识库建库与应用，东巴象形文字机器识别技术研究	子课题5组负责人
5-2	李德静（纳西族）	1964. 7	女	研究员	学士	纳西东巴古籍译注	建库中东巴象形文字的形态、字符及元素研究	子课题5组核心成员
5-3	许宝杰	1960. 1	男	教授	博士	数字化、智能化技术研究	象形文字数据库、知识库方案设计	子课题5组核心成员
5-4	王海燕	1979. 3	女	讲师	博士	数据库、知识库设计与软件工程研究	象形文字数字化识别与释读数据库建库	子课题5组核心成员

续表5

序号	姓名	出生年月	性别	职称/职务	学位	专长	承担任务	子课题项目组
5-5	陈晓	1982.10	女	讲师	博士	计算机视觉、图像模式识别	东巴文字复杂图形、音像，以及图形、音像并轨研究	子课题5组核心成员
5-6	王媛	1958.11	女	教授	学士	中国传统文化传承研究	文化遗产共享传播方法研究	子课题5组成员
5-7	谷玉海	1976.5	男	研究员	博士	信息网络技术研究	网络化数据库模型、接口和互联结构、信息管理研究	子课题5组成员
5-8	王立勇	1977.9	男	教授	博士	信息获取与检测技术研究	象形文字数据处理与知识挖掘	子课题5组成员
5-9	刘秀丽	1985.12	女	助理研究员	博士	开放式柔性网络数据库研究	东巴古籍知识库软件系统设计	子课题5组成员

致谢

衷心感谢全国哲学社会科学规划办公室与北京市哲学社会科学规划办公室的指导，研究工作得到了国家社会科学基金重大项目“‘世界记忆遗产’——东巴经典传承体系数字化国际共享平台建设研究”（12&ZD234）的资助和国家重点研发计划“现代服务业共性关键技术研发及应用示范”重点专项——“民族、民间文化资源传承与开发利用技术集成与应用示范”项目（项目号：2017YFB1402100）的大力支持，得到了众多国内外高等院校等信息技术研究机构，东巴古籍收藏机构，同行专家、学者及相关人士的帮助。

感谢参与本项研究并对本项研究提供帮助的国外机构及人士：

联合国教科文组织（United Nations Educational Scientific and Cultural Organization，UNESCO）及其代表安卓先生、曾庆怡女士，英国国家图书馆（National Library of England）、法国国家图书馆（National Library of France）、德国国家图书馆（National Library of Germany）、美国国会图书馆（Library of Congress，USA）、法国吉美特博物馆（Gemet Museum of France）、瑞典国家世界文化博物馆（National Museum of World Culture，Sweden）、西班牙世界文化博物馆（Museum of World Culture，Spain）等图书馆和博物馆，美国哈佛大学（Harvard University，USA）、英国曼彻斯特大学（Manchester University，UK）、法国巴黎语言文化大学

（Languages and Civilizations University of Paris，France）、法国远东学院（EFEO）、瑞士苏黎世大学（Zurich University，Switzerland）、意大利罗马远东非洲学院（Far East Africa Institute of Rome，Italy）等国外高等院校，提供过帮助的国外专家、学者、东巴古籍收藏人等相关人士。

感谢参与本项研究并对本项研究提供帮助的国内机构及人士：

中国国家图书馆、南京博物院、云南省博物馆、云南民族博物馆、丽江市博物院、云南省丽江玉龙纳西族自治县图书馆、台北“故宫博物院”等国内图书馆和博物馆，中央民族大学、云南民族大学、西南民族大学、昆明理工大学等国内高等院校，丽江纳西文化研究会、台湾“中央研究院”历史语言研究所、北京市社会科学界联合会、云南省少数民族古籍整理出版规划办公室、香格里拉县三坝乡文化站、云南省维西县文化局等研究机构及社会组织，以及提供帮助的纳西族东巴、东巴文化传承人、民间专家及学者、东巴古籍收藏人等相关人士。

附录

附录1：纳西族地区东巴古籍田野调研与资料收集情况

项目组成员在昆明滇池北岸海埂的云南民族村纳西寨现场调研纳西寨“法物”“法器”等展品的使用情况。课题成员从象形文字、纳西读音、材质、功用等方面为随行项目组成员介绍并讲解了纳西村寨中展示的部分“法物”和“法器”：五幅冠、木牌、手鼓、法帽、东巴画，如图1所示。

图1　项目组成员在云南民族村纳西寨进行调研

项目组曾多次赴云南丽江、香格里拉县三坝乡白地村等进行项目研讨，与在该地的项目组成员李德静、赵世红、王世英、和力民及其他学者联合召开了课题研讨会，对课题研究工作进行了协调，对工作中遇到的难题进行了深入交流。研讨工作主要围绕“计算机信息化处理怎样为纳西东巴传统文化提供服务”等问题开展。项目组对丽江玉水寨进行了调研，与玉水寨的东巴们进行了交流并对其进行访谈，访问了丽江纳西文化研究会杨国清会长，与研究会的专家们进行了交流；项目组部分成员在丽江市东巴文化研究院李德静院长的带领下一起下乡调研，取得了田野调查的第一手资料。如图2、图3所示。

项目组前往四川盐源、木里两县进行了田野调查，调研两县纳斯人的传统习俗、宗教信仰、民风民俗、自然环境等情况；2015年11月，项目组前往宁蒗永宁、木里屋脚、盐源左所等地就“摩梭达巴经抢救保护”进行了田野调查。如图4至图7所示。

图2　项目组与纳西学者在丽江市东巴文化研究院共同召开研讨会

图3　2015年11月，项目组与纳西学者在丽江市东巴文化研究院共同研讨东巴经典数字化字库和词库

图4　项目组在云南丽江释读经书

图5　项目组在香格里拉滋吾村请和志本老东巴（已故）、习尚洪老东巴对从德国采集的东巴古籍进行释读

图6　2015年5月，项目组在四川木里县项脚乡友友坪调研

图7　2015年11月，项目组在四川木里县屋脚乡利家嘴村调研，并记录“祭水井神”仪式

项目组在云南省丽江玉龙纳西族自治县图书馆进行调研时得知，玉龙县图书馆现有馆藏东巴经书3000余本，神路图、神轴画等若干。双方就以后的东巴经书数字化、研究发展等问题进行了座谈。张旭代表项目组感谢李锡院长推荐并联络了玉龙县图书馆。玉龙县图书馆希望对其藏品进行数字化，也正在申请资金支持。项目组建议图书馆尽快整理出其所藏古籍手稿的书目，并愿意提供学术支持。

2016年5月，项目组部分成员赴云南开展项目调研与交流工作。到云南省少数民族古籍整理出版规划办公室调研并召开了学术研讨会，与古籍办人员进行了课题研究工作的研讨与交流。双方交流了研究工作中古籍的利用及管理方法，相互提供了有关信息与资料，研讨了合作开展收集、编目、宣介等方面的相关工作。古籍办研究人员与项目组交流了古籍办纳西族东巴经的编目概况，并认为项目组开展的古籍数字化工作很有必要。双方均表示加强学术交流与合作，在共同推动东巴古籍数字化的基础上为云南省其他民族的古籍工作做出贡献。商定的主要合作内容包括通过合作的方式沟通、学习并建立数据库，在云南古籍馆网站中加入链接，以及通过信息共享的方式将采集于国内和国外的资源也链接到云南古籍馆的网站中。如图8所示。

图8　项目组在云南省少数民族古籍办交流并研讨

项目组在古籍办进行调研时发现，古籍办收藏的东巴经书有180多本，并未被编目或者释读。项目组在昆明调研时还到云南民族博物馆进行了调研及交流，云南民族博物馆副馆长陪同调研并详细介绍了博物馆东巴经典藏品的情况，双方对合作研究工作进行了研讨，如图9、图10所示。

图9　云南民族博物馆副馆长为项目组成员介绍博物馆的展品

图10　云南民族博物馆的东巴经展品

2016年11月15日至12月6日，项目组成员、丽江纳西文化研究会和力民研究员应台湾“中央研究院”历史语言研究所邀请，赴台湾释读并研究台湾傅斯年图书馆所藏的东巴经典文献。此前若干年，和力民研究员就曾经为傅斯年图书馆馆藏的373本东巴经典文献做了详细的编目，并全本翻译了该馆最有特色的10本经书。这次和力民研究员为这些全本翻译的东巴经书做了全部释读录音。2016年11月30日，和力民研究员为台湾“中央研究院”历史语言研究所作了题为“傅斯年图书馆馆藏东巴经编目研究”的讲座，如图11所示。

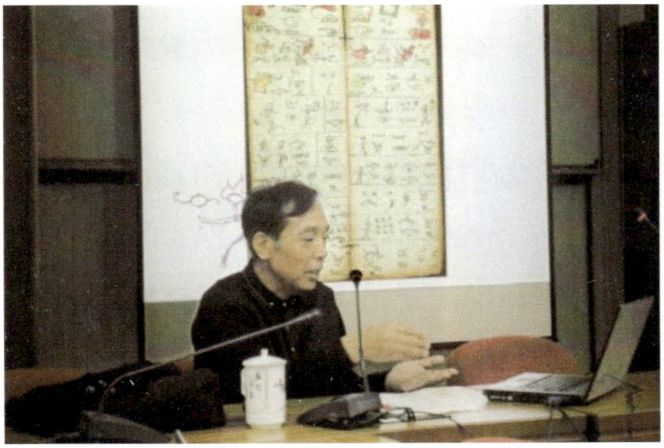

图11　项目组成员、丽江纳西文化研究会和力民研究员在作报告

2017年6月，项目组部分成员赴云南、四川开展项目调研与交流工作。

主要活动包括：

项目组成员代表赴云南昆明，同子课题2组成员李国文教授就哈佛大学燕京学社图书馆数字经书编目等事宜进行了沟通与交流。

项目组成员代表赴云南丽江，同子课题2组成员和力民研究员就法国国家图书馆数字化经书No.478《创世纪》精准对照翻译等问题进行了沟通与交流。

项目组成员代表赴云南香格里拉白水台，与东巴习尚洪、和学仁进行访谈，并做了音频、视频记录，如图12所示。

项目组成员代表赴四川木里县俄亚乡，数字化采集了俄亚地区经书6本，音频、视频记录了俄亚东巴英扎次里释读《祭署》经书的全过程，并在俄亚纳西族大村音频、视频记录了东巴仪式“退口舌是非”，如图13所示。

项目组成员代表在四川木里县屋脚乡屋脚村调研时得知，此地区的达巴经书仅以口诵的形式代代相传。最后项目组成员音频、视频记录了达巴传承人嘎若偏楚口诵《开卷经》及《结婚盖房子》的唱腔。

项目组成员代表赴云南泸沽湖摩梭民俗博物馆调研，与博物馆工作人员进行了沟通与交流，如图14所示。

项目组成员代表最后回到云南丽江，与项目合作单位丽江市东巴文化研究院的各位专家、学者就项目研究情况等进行了交流与研讨，共同推动项目的进展，如图15所示。

图12 项目组成员在白水台音频、视频记录习东巴与和东巴进行的东巴仪式

图13 项目组成员代表与俄亚英扎次里东巴进行访谈

图14 项目组成员代表在云南泸沽湖摩梭民俗博物馆调研

图15 项目组成员代表在丽江市东巴文化研究院调研

附录2：学术专著《国际馆藏东巴经典编目举要》内容概要

该书是项目组完成的代表性研究最终成果之一。课题项目组成员历经5年开展了文、理、工学科交叉研究及广泛的国际合作，对国内外收藏机构及个人收藏的东巴经典进行了探索性汇集及数字化采集。特别是在国际著名图书馆、博物馆的支持及协助下，项目组对国际馆藏东巴经典进行了数字化采集，并迅速将具有代表性的东巴经典藏品送到东巴文化发源地（云南、四川和西藏地区），由能够精准释读的在世老东巴进行抢救性释读和翻译，同时联合纳西族聚集区的东巴文化地方研究机构、东巴文化传承人、权威的纳西族民间人士等对经过采集和释读的资料信息进行了分类、整理及提炼；在释读、翻译所采集的东巴古籍的基础上研究确定所采集的东巴经典的内容提要、经书仪式、撰写者、收藏机构、收藏时间、历史背景、来源区域、经书特征等信息，撰写了学术专著《国际馆藏东巴经典编目举要》（25万字，精选并完成了358册东巴经典编目，待由中华书局出版），以此为东巴经典，以及东巴文化的保护、传承、共享与研究提供文献资料，并为东巴经典数字化国际共享平台的构建提供信息资源。

列举的12册编目资料样本如图16至图21所示。

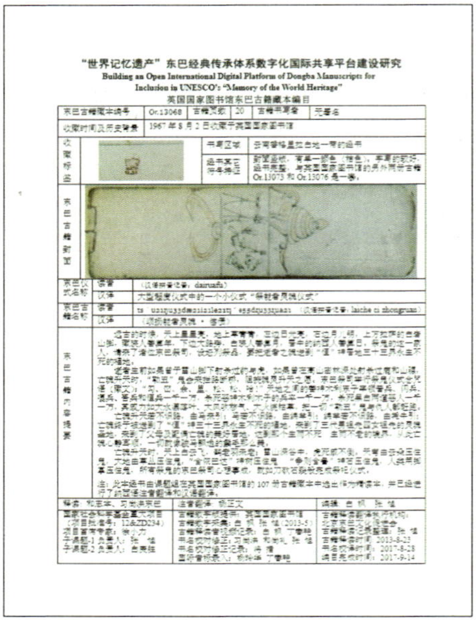
“世界记忆遗产”东巴经典传承体系数字化国际共享平台建设研究
Building an Open International Digital Platform of Dongba Manuscripts for Inclusion in UNESCO's "Memory of the World Heritage"
英国国家图书馆东巴古籍藏本编目

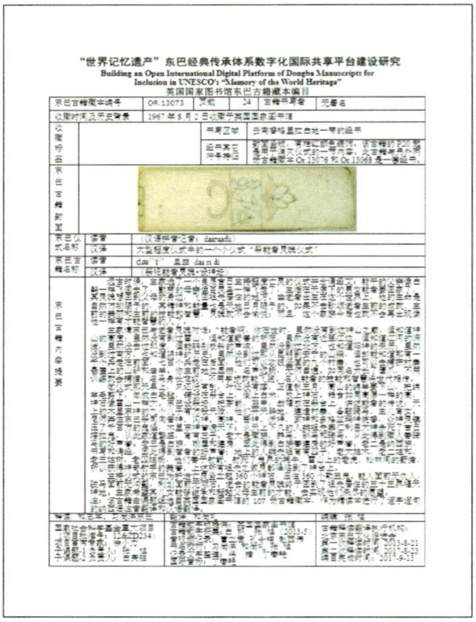
“世界记忆遗产”东巴经典传承体系数字化国际共享平台建设研究
Building an Open International Digital Platform of Dongba Manuscripts for Inclusion in UNESCO's "Memory of the World Heritage"
英国国家图书馆东巴古籍藏本编目

图16　英国国家图书馆东巴古籍藏本编目Or.13068《颂扬能者灵魂·偿债》和编目Or.13073《祭祀能者灵魂·设神坛》

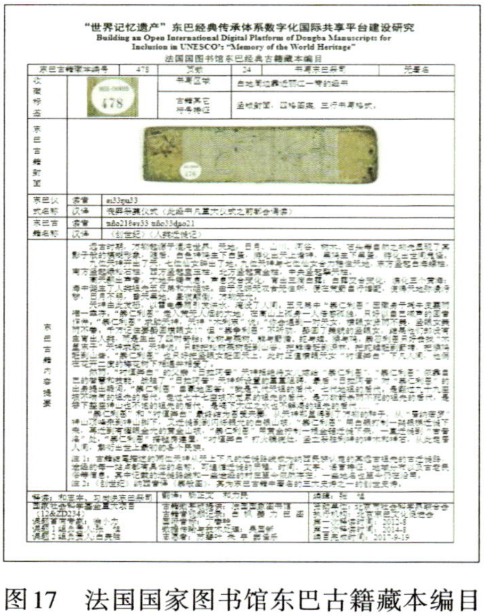
“世界记忆遗产”东巴经典传承体系数字化国际共享平台建设研究
Building an Open International Digital Platform of Dongba Manuscripts for Inclusion in UNESCO's "Memory of the World Heritage"
法国国家图书馆东巴经典古籍藏本编目

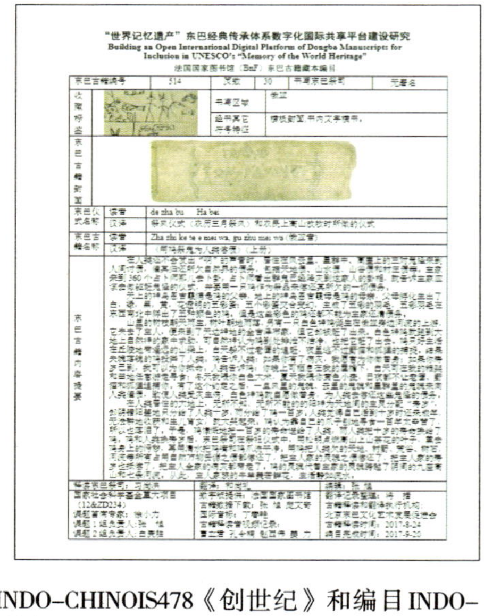
“世界记忆遗产”东巴经典传承体系数字化国际共享平台建设研究
Building an Open International Digital Platform of Dongba Manuscripts for Inclusion in UNESCO's "Memory of the World Heritage"
法国国家图书馆（BnF）东巴古籍藏本编目

图17　法国国家图书馆东巴古籍藏本编目INDO-CHINOIS478《创世纪》和编目INDO-CHINOIS514《用鸡祭“鬼”为人类偿债》上册

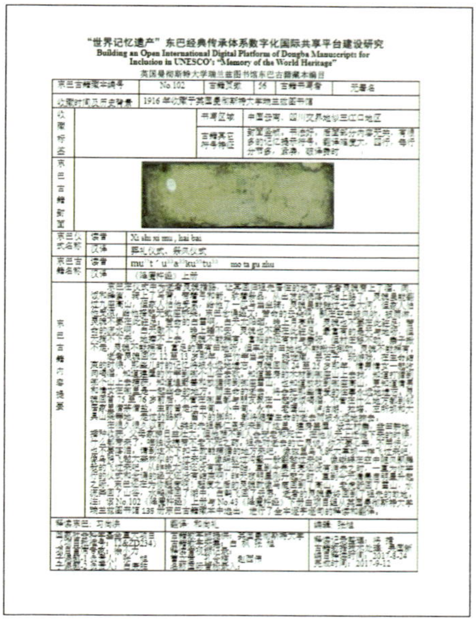

"世界记忆遗产"东巴经典传承体系数字化国际共享平台建设研究
Building an Open International Digital Platform of Dongba Manuscripts for Inclusion in UNESCO's "Memory of the World Heritage"
英国曼彻斯特大学图书馆东巴古籍藏本编目

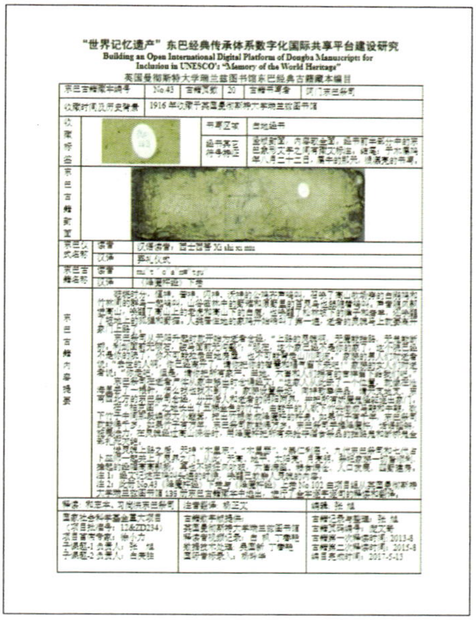

"世界记忆遗产"东巴经典传承体系数字化国际共享平台建设研究
Building an Open International Digital Platform of Dongba Manuscripts for Inclusion in UNESCO's "Memory of the World Heritage"
英国曼彻斯特大学约翰·瑞兰兹图书馆东巴经典藏本编目

图18　英国曼彻斯特大学图书馆东巴古籍藏本编目No.102《降魔杵经》上卷和编目No.43《降魔杵经》下卷

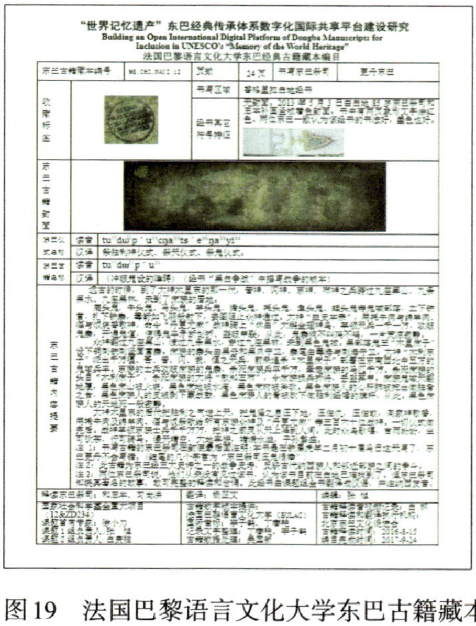

"世界记忆遗产"东巴经典传承体系数字化国际共享平台建设研究
Building an Open International Digital Platform of Dongba Manuscripts for Inclusion in UNESCO's "Memory of the World Heritage"
法国巴黎语言文化大学东巴经典藏本编目

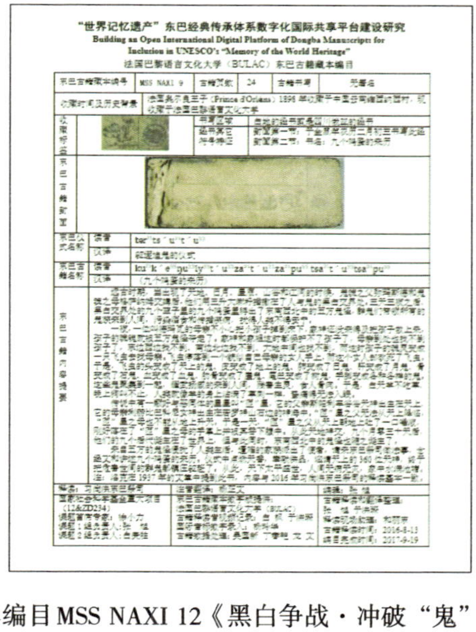

"世界记忆遗产"东巴经典传承体系数字化国际共享平台建设研究
Building an Open International Digital Platform of Dongba Manuscripts for Inclusion in UNESCO's "Memory of the World Heritage"
法国巴黎语言文化大学（BULAC）东巴古籍藏本编目

图19　法国巴黎语言文化大学东巴古籍藏本编目MSS NAXI 12《黑白争战·冲破"鬼"设的障碍》和编目MSS NAXI 9《九个鸡蛋的来历》

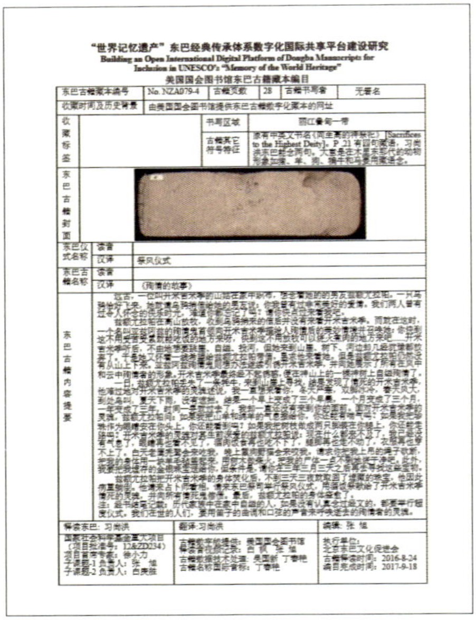

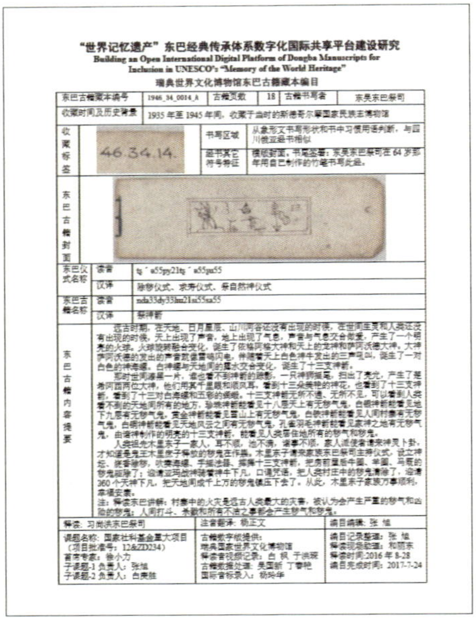

图20 美国国会图书馆东巴古籍藏本编目No.NZA079-4《殉情的故事》和瑞典世界文化博物馆东巴古籍藏本编目1946_34_0014《祭神箭》

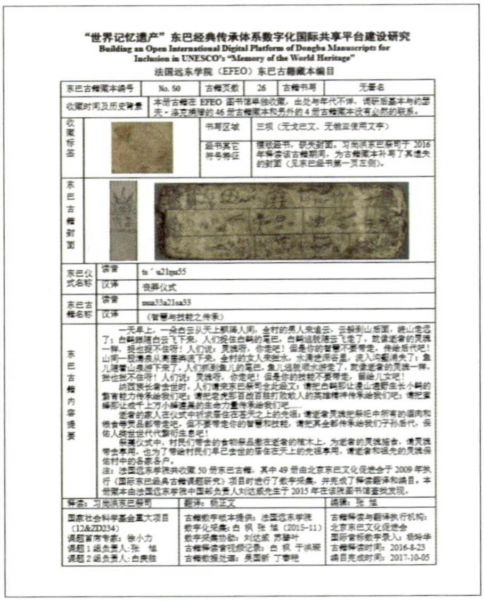

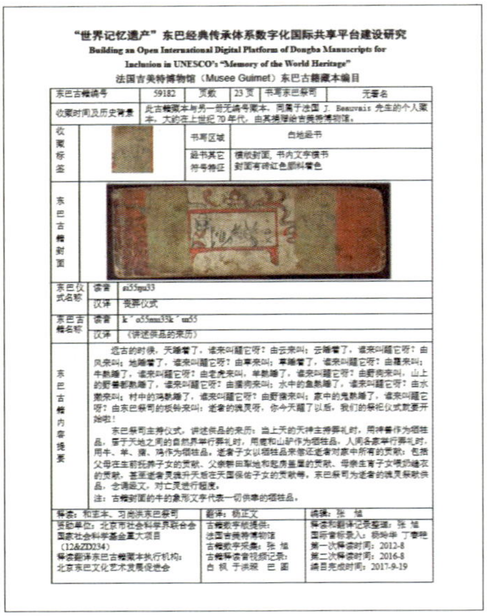

图21 法国远东学院东巴古籍藏本编目No.50《智慧与技能之传承》和法国吉美特博物馆东巴古籍藏本编目59182《讲述供品的来历》

附录3：数字化东巴经典的抢救性释读与精翻实例介绍

（一）数字化东巴经典的抢救性精翻

1. 项目组选择具有经典意义和学术研究价值的东巴经典手稿藏本，完成了从东巴象形文字到纳西语注音翻译，再到纳西语翻译，最终到汉语翻译这三种文字对照翻译的过程。

2014年，项目组完成了法国国家图书馆收藏的重要的东巴古籍手稿——纳西族东巴古籍中著名的三大史诗之一《创世纪》（如图22所示）。《创世纪》的中心内容是突出人类祖先的代表崇仁利恩，描写他如何坚持与“天神”做斗争、与“恶神”做斗争、与洪冰做斗争，终于重建了人间，全篇热情地歌颂并赞美了人类不屈不挠的精神。古籍追忆了祖先繁衍后代的艰难，祈求祖先保佑后代，让子孙铭记祖先开创生活的功绩。其在比较重大的东巴仪式上都会被使用。

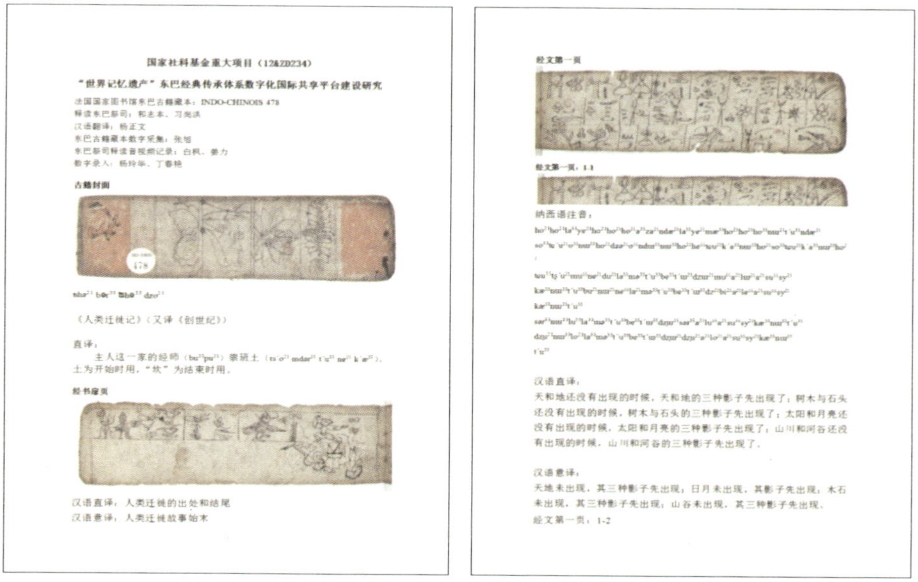
国家社科基金重大项目（12&ZD234）

“世界记忆遗产”东巴经典传承体系数字化国际共享平台建设研究

法国国家图书馆东巴古籍藏本：INDO-CHINOIS 478

释读东巴祭司：和志本、习尚洪

汉语翻译：杨正文

东巴古籍藏本数字采集：张旭

东巴祭司释读音视频记录：白枫、姜力

数字录入：杨玲华、丁春艳

古籍封面

《人类迁徙记》（又译《创世纪》）

直译：

主人这一家的经师（bu²¹pu²¹）崇班土，土为开始时用，“炊”为结束时用。

经书扉页

汉语直译：人类迁徙的出处和结尾

汉语意译：人类迁徙故事始末

经文第一页

经文第一页：1-1

纳西语注音：

汉语直译：

天和地还没有出现的时候，天和地的三种影子先出现了；树木与石头还没有出现的时候，树木与石头的三种影子先出现了；太阳和月亮还没有出现的时候，太阳和月亮的三种影子先出现了；山川和河谷还没有出现的时候，山川和河谷的三种影子先出现了。

汉语意译：

天地未出现，其三种影子先出现；日月未出现，其影子先出现；木石未出现，其三种影子先出现；山谷未出现，其三种影子先出现。

经文第一页：1-2

图22 《创世纪》精翻文档

2. 2015年，项目组完成了法国巴黎语言文化大学收藏的纳西族东巴古籍中著名的三大史诗之一《黑白争战·冲破“鬼”设的障碍》（如图23所示），其主要用于祭天仪式等。数字版的东巴经典都由法国巴黎语言文化大学提供，该东巴古籍藏本在2013年曾由项目组下乡进行过初次释读。为了保证学术上的严谨性，2015年，项目组再次赴云南香格里拉，请老东巴进行了第二次释读与精翻，并与纳西学专家一起审校了精翻后的编目，被精翻过的藏本文档如图24所示。

图23 法国巴黎语言文化大学收藏的东巴经典《黑白争战·冲破“鬼”设的障碍》

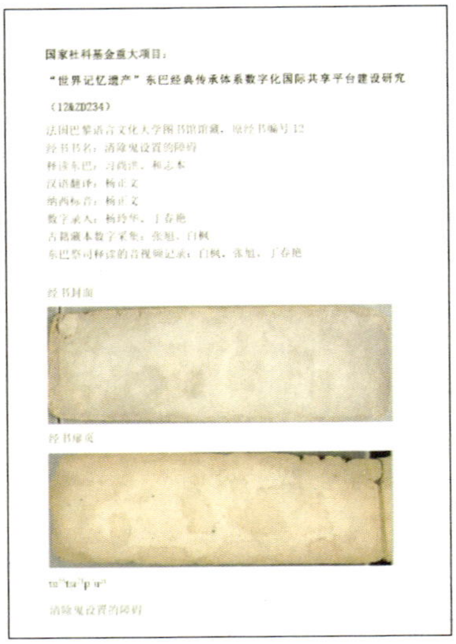

国家社科基金重大项目：

“世界记忆遗产”东巴经典传承体系数字化国际共享平台建设研究

（12&ZD234）

法国巴黎语言文化大学图书馆馆藏，原经书编号12

经书书名：清除鬼设置的障碍

释读东巴：习尚洪、和志本

汉语翻译：杨正文

纳西标音：杨正文

数字录入：杨玲华、丁春艳

古籍藏本数字采集：张旭、白枫

东巴祭司释读的音视频记录：白枫、张旭、丁春艳

经书封面

经书封底

清除鬼设置的障碍

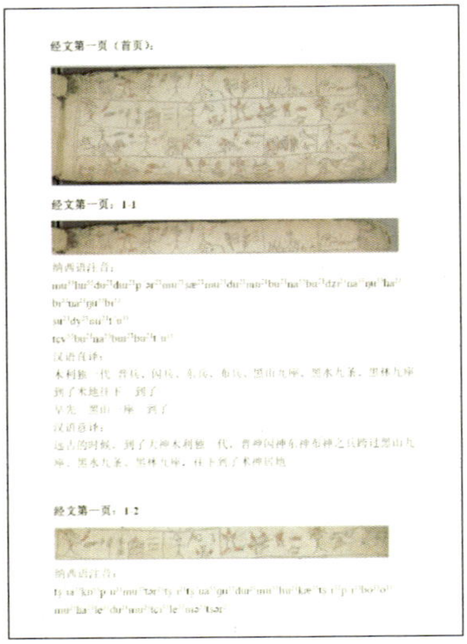

经文第一页（首页）：

经文第一页：1-1

纳西语注音：

汉语直译：

汉语意译：

经文第一页：1-2

纳西语注音：

图24 《黑白争战·冲破“鬼”设的障碍》精翻文档

（二）数字化东巴经典抢救性释读的传承成果

项目组成员在国外数字采集了一批东巴经典藏本。回国后，先整理打印、装订成册，然后到云南香格里拉请和志本与习尚洪两位东巴进行抢救性释读。最后，项目组请两位东巴将挑选出来的有价值的东巴经典抄写在用纳西族传统造纸术制作的东巴纸上（如图25、图26所示），一方面传承了东巴文化，另一方面实现了东巴经典在内容及形式上的回归。

图25　香格里拉东坝村习尚洪东巴手抄经书封面（版本来自英国国家图书馆和英国曼彻斯特大学图书馆）

图26　和志本东巴（已故）手抄经书《创世纪》封面（版本来自法国国家图书馆）

项目组采集到法国国家图书馆于1905年收藏的东巴经典手稿共4本，该图书馆已于2013年将其收藏的东巴经手稿的数字版无偿提供给项目组，项目组及时进行了抢救性释读。东巴释读各国收藏机构的东巴经典藏本的签名如图27和图28所示。

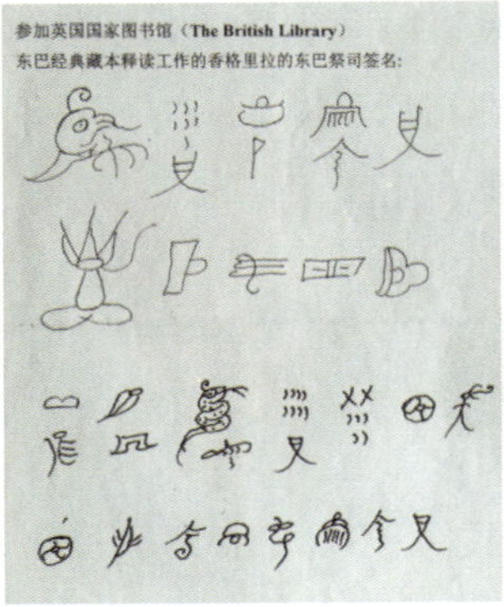

图27 释读英国国家图书馆经书的和志本东巴（已故）与习尚洪东巴的东巴象形文字签名

图28 2017年，习尚洪东巴在释读东巴古籍后用象形文字为各国收藏档案机构签名

参考文献

[1] 杨树高.世界的记忆，人类的遗产[M].香港：香港文汇出版社，2004.

[2]【瑞士】奥皮茨.结成东巴经共享联盟的建议[R].第二届国际东巴文化研讨会，1999.

[3]王宁，徐小力，李志华，吴国新.东巴经典古籍释读数据库建立方法[J].北京信息科技大学学报（自然科学版），2015（5）.

[4]徐小力，蒋章雷，吴国新，王红军，王宁.基于拓扑特征和投影法的东巴象形文识别方法研究[J].电子测量与仪器学报，2017（1）.

[5]王玉娇，耿思，李宁.东巴古籍资源的数字化及数据管理[J].电子测量与仪器学报，2017（4）.

[6]王玉娇，李宁，陈若愚.XML数据库管理系统在古籍编目管理中的应用[J].北京信息科技大学学报（自然科学版），2017（3）.

[7]刘娜.基于OpenGL ES移动平台的东巴文化虚拟博物馆关键技术研究[D].北京：北京信息科技大学，2015.

[8]白庚胜，孙淑玲，白羲.走近中国少数民族丛书·纳西族[M].沈阳：辽宁民族出版社，2014.

[9]杨福泉.纳西族文化史论稿[M].昆明：云南人民出版社，2006.

[10]王元鹿.汉古文字与纳西东巴文字比较研究[M].上海：华东师范大

学出版社，1988.

[11]和丽峰.纳西东巴文字字形构造及其国际标准[D].上海：上海师范大学，2016.

[12]李例芬.纳西东巴古籍与语言研究[J].云南民族学院学报（哲学社会科学版），1997（4）.

[13]萧霁虹.东巴古籍的整理与研究[J].云南民族学院学报（哲学社会科学版），1994（4）.

[14]杨萌.面向东巴象形文字的智能图形识别方法研究[D].北京：北京信息科技大学，2015.

[15]联合国教科文组织.保护非物质文化遗产公约.2003.

[16]和继全.东巴文百年研究与反思[J].思想战线，2011（5）.

[17]郑飞洲.关于纳西族东巴文字信息处理的设想[J].学术探索，2003（2）.

[18]王建明，王树斌，陈仕品.基于数字技术的非物质文化遗产保护策略研究[J].软件导刊，2011（8）.

[19]达哇彭措，李勇.基于ERWIN的民族古籍数字化保护系统数据模型研究[J].科技信息，2007（25）.

[20]钟珞，潘昊，封筠，何平.模式识别[M].武汉：武汉大学出版社，2006.

[21]黄凤岗，宋克鸥.模式识别[M].哈尔滨：哈尔滨工程大学出版社，1998.

[22]杨光正，吴岷，张晓莉.模式识别[M].合肥：中国科学技术大学出版社，2001.

[23]荆涛，王仲.光学字符识别技术与展望[J].计算机工程，2003（2）.

[24]周斌全.基于图像特征的模式识别的研究与比较[D].上海：上海交

通大学，2013.

[25]【美】冈萨雷斯，【美】伍兹，【美】艾丁斯著；阮秋琦译.数字图像处理的MATLAB实现（第2版）[M].北京：清华大学出版社，2013.

[26]郭文强，侯勇严.数字图像处理[M].西安：西安电子科技大学出版社，2009.

[27]王晅，马建峰.数字图像分析与模式识别[M].北京：科学出版社，2011.

[28]王宇青.灰度膨胀（腐蚀）方程求解及相关问题[D].苏州：苏州科技学院，2015.

[29]王海燕，王红军，徐小力.基于拓扑特征的纳西东巴文象形文字输入方法研究[J].中文信息学报，2016（4）.

[30]马少平，夏莹，朱小燕.基于模糊方向线素特征的手写体汉字识别[J].清华大学学报（自然科学版），1997（3）.

[31]冯志全，杨波，郑艳伟，唐好魁，李毅.图像拓扑结构的识别及其应用技术研究[J].系统仿真学报，2008（24）.

[32]黄伟.东巴象形文字图形化特征及商业应用价值研究[J].商场现代化，2009（3）.

[33]马瑾，陈立潮，张永梅.轮廓跟踪与边沿检测的图像自动识别[J].中北大学学报（自然科学版），2006（5）.

[34]王海燕，王红军，徐小力.基于支持向量机的纳西东巴象形文字符识别[J].云南大学学报（自然科学版），2016（5）.

[35]王玉雷.基于改进的粗网格印刷体藏文字符识别技术研究[D].镇江：江苏科技大学，2009.

[36]吴国新，丁春艳，徐小力，王宁.东巴经典古籍象形文字智能识别研究[J].电子测量与仪器学报，2016（11）.

[37]李红睿.基于动态粗外围方向线素特征的脱机手写汉字识别[D].保定：河北大学，2009.

[38]张浩.复杂背景下植物根系图像特征提取方法的研究与实现[D].成都：电子科技大学，2015.

[39]谢欢曦.基于模板匹配和投影降维分析的自动眉毛识别方法研究[D].北京：北京工业大学，2012.

[40]冯伟兴，等.Visual C++ 数字图像模式识别技术详解[M].北京：机械工业出版社，2013.

[41]康厚良，杨玉婷.东巴文化保护的数字化策略研究[J].重庆科技学院学报（社会科学版），2017（12）.

[42]木健先.浅谈纳西东巴文化[J].学园，2016（4）.

[43]郑荃.论纳西族东巴古籍的价值及开发利用[J].思想战线，2000（4）.

[44]和金光.纳西族东巴文化研究发展趋势[J].云南民族大学学报（哲学社会科学版），2007（1）.

[45]蒋莉，张千年.试论古籍资源的开发利用[J].山东图书馆季刊，2005（1）.

[46]杨金劳.机器学习算法在数据挖掘中的应用[J].电子技术与软件工程，2018（4）.

[47]吴康宁.基于人工智能下的机器学习历史及展望研究[J].科技尚品，2017（6）.

[48]颜松远.机器学习理论及应用[J].计算机工程与科学，2012（9）.

[49]刘俊一.人工智能领域的机器学习算法研究综述[J].数字通信世界，2018（1）.

[50]李成录.大数据背景下机器学习算法的综述[J].信息记录材料，2018（5）.

[51]胡泽文，王效岳，白如江.国内外文本分类研究计量分析与综述[J].图书情报工作，2011（6）.

[52]王进，金理雄，孙开伟.基于演化超网络的中文文本分类方法[J].江苏大学学报（自然科学版），2013（2）.

[53]张梅山，邓知龙，车万翔，刘挺.统计与词典相结合的领域自适应中文分词[J].中文信息学报，2012（2）.

[54]张羚，陆余良，杨国正.基于词频类别相关的特征权重算法[J].计算机应用研究，2017（2）.

[55]张小川，于旭庭，张宜浩.一种改进的向量空间模型的文本表示算法[J].重庆理工大学学报（自然科学），2017（1）.

[56]张丹.中文分词算法综述[J].黑龙江科技信息，2012（8）.

[57]江华丽.中文分词算法研究与分析[J].物联网技术，2016（1）.

[58]符发.中文文本分类中特征选择方法的比较[J].现代计算机（专业版），2008（6）.

[59]王嘉旸，杨丽萍，闫天伟.基于向量空间模型的文本相似度计算方法[J].科技广场，2017（2）.

[60]郑伟，王锐.文本分类中特征提取方法的比较与研究[J].河北北方学院学报（自然科学版），2007（6）.

[61]刘少辉，董明楷，张海俊，李蓉，史忠植.一种基于向量空间模型的多层次文本分类方法[J].中文信息学报，2002（3）.

[62]赵长伟，孙素环，李晓培.基于语义相似度的文本表示降维方法[J].河南科技大学学报（自然科学版），2008（5）.

[63]王珍珍.关于文本挖掘中文本分类与文本聚类的研究[J].科技信息，2007（6）.

[64]何尧，张顺淼.利用未标识文档提高中心分类法性能的研究[J].电

脑知识与技术（学术交流），2007（16）.

[65]李静梅，孙丽华，张巧荣，张春生.一种文本处理中的朴素贝叶斯分类器[J].哈尔滨工程大学学报，2003（1）.

[66]张征杰，王自强.文本分类及算法综述[J].电脑知识与技术，2012（4）.

[67]于一.K–近邻法的文本分类算法分析与改进[J].火力与指挥控制，2008（4）.

[68]杨建良，王永成.基于KNN与自动检索的迭代近邻法在自动分类中的应用[J].情报学报，2004（2）.

[69]刘其琛，穆炜炜.最小二乘支持向量机的核函数及参数选择算法研究[J].电脑知识与技术，2015（19）.

[70]于飞，李红莲，吕学强.基于支持向量机的文本分类技术[J].无线互联科技，2014（8）.

[71]李琼，陈利.一种改进的支持向量机文本分类方法[J].计算机技术与发展，2015（5）.

[72]崔建明，刘建明，廖周宇.基于SVM算法的文本分类技术研究[J].计算机仿真，2013（2）.

[73]邓章应.纳西东巴文分域与断代研究[M].北京：人民出版社，2013.

[74]刘冕.最全东巴经手抄本入藏国博[N].北京日报，2017.12.8.

[75]田学东，马兴杰，韩磊，刘海博.视觉文档图像的几何校正[J].计算机应用，2007（12）

[76]宋丽丽，吴亚东，孙波.改进的文档图像扭曲校正方法[J].计算机工程，2011（1）.

[77]王小睿，吴信才，李军.模拟退火算法的改进策略在模板匹配上的应用[J].小型微型计算机系统，1997（8）.

[78]杜威，李华. 一种用于动态场景的全景表示方法[J].计算机学报，2002（9）.

[79]封靖波，苏志勋，刘秀平.一种基于相似曲线的全景图自动拼接算法[J].计算机学报，2003（11）.

[80]赵向阳，杜利民. 一种全自动稳健的图像拼接融合算法[J]. 中国图象图形学报，2004（4）.

[81]刘美莹，汶德胜，曹红杏. 基于角点特征的图像自动拼接算法[J].电子器件，2009（2）.

[82]首照宇，欧阳宁，张华俊，莫建文，张彤. 基于SURF和动态ROI的实时视频拼接[J].计算机工程与设计，2013（3）.

[83]穆柯楠，惠飞，曹健明，郭兰英. 一种基于几何约束的RANSAC改进算法[J].计算机工程与应用，2015（4）.

[84]秦绪佳，洪夏阳，王慧玲，郑红波，陈胜男.改进的遥感图像SURF特征匹配算法[J].小型微型计算机系统，2016（2）.

[85]李玉峰，李广泽，谷绍湖，龙科慧. 基于区域分块与尺度不变特征变换的图像拼接算法[J]. 光学精密工程，2016（5）.

[86]【美】拉斐尔 C. 冈萨雷斯,【美】理查德 E. 伍兹著；阮秋琦，等译.数字图像处理（第三版）[M]. 北京：电子工业出版社，2017.

[87]杨丹，赵海滨，龙哲，等. MATLAB图像处理实例详解[M].北京：清华大学出版社，2013.

[88]何楚瑶. 基于非线性处理的图像增强算法研究[J].传感器世界，2012（10）.

[89]杨雪，刘天时，李湘眷. 融合小波变换与改进PCNN的图像增强算法研究[J].计算机工程与应用，2016（8）.

[90]刘晓阳，乔通，乔智. 基于双边滤波和Retinex算法的矿井图像增

强方法[J].工矿自动化，2017（2）.

[91]何文.基于小波变换与模糊理论的医学超声图像增强与去噪方法研究[J].电子设计工程，2015（12）.

[92]全永奇，李太君，邓家先，等.模糊集与非线性增益相结合的自适应图像增强算法[J].计算机应用研究，2016（1）.

[93]巨刚，袁亮，刘小月，何巍.多算法融合的自适应图像增强方法[J].光子学报，2016（12）.

[94]王冬冬，田干，杨正伟，陶胜杰，张炜.基于小波分解灰关联的热波检测图像增强[J].仪器仪表学报，2015（5）.

[95] 中文分词工具探析（一）：ICTCLAS（NLPIR）[OL].2016.12.27，http: //www.cnblogs.com/en-heng/p/6225117.html

[96] Chen Ruoyu. Metadata Specification for the Digitizing and Sharing of Dongba Manuscripts [J]. Proceeding of ISTAI，2014（1）.

[97] R.Krishnapuram，H.Frigui.Fuzzy and Possibilistic Shell Clustering Algorithms and Their Application to Boundary Detection and Surface Approximation [J]. IEEE Transactions on Fuzzy Systems，1995（1）.

[98] MORI S.Historical Review of OCR Research and Development [J]. Proceedings of the IEEE International Conference，1992（7）.

[99] Guo Hai.Research on Feature Extraction for Character Recognition of Naxi Pictograph [J]. Journal of Computers，2011（5）.

[100] Zadeh L.A. Fuzzy Sets [J]. Information and Control，1965（8）.

[101] Fink G A，Wienecke M，Sagerer G.Video-based on-line Handwriting Recognition [A]. Document Analysis and Recognition [C]. IEEE Computer Society Press，2002.

[102] Mantas.An Overview of Character Recognition Methodologies [J].

Pattern Recognition，1986（6）.

[103] Xu Xiaoli，Zhang Xu，Wu Guoxin，Wang Hongjun，Yang Meng. Research on Memory of the World-classic Dongba Culture International Sharing Information Platform [C]. Proceeding of the Fifth International Symposium on Test Automation and Instrumentation（ISTAI），2014.

[104] Luhn H P. Auto-encoding of Documents for Information Retrieval Systems [M]. New York：Program Press，1959.

[105] Maron M E，Kuhns J L.On Relevance，Probabilistic Indexing and Information Retrieval [J]. ACM，1960（3）.

[106] Xue Nianwen，Susan P. Converse.Combining Classifiers for Chinese Word Segmentation [J]. Association for Computational Linguistics，2002.

[107] G Lample，M Ballesteros，S Subramanian，K Kawakami，C Dyer.Neural Architectures for Named Entity Recognition [J]. Research Gate，2016.

[108] Yang Yiming，Jan O. Pedersen. A Comparative Study on Feature Selection in Text Categorization [C]. Proceeding of the Fourteenth International Conference on Machine Learning（ICML），1997.

[109] Xie Chongfeng，Li Xing.A Sequence-based Automatic Text Classification Algorithm [J]. Journal of Software，2002（4）.

[110] Anil K.Ghosh，Probal Chaudhri，CA.Murthy. On Visualization and Aggregation of Nearest Neighbor Classifiers [J]. IEEE Transactions on Pattern Analysis and Machine Intelligence，2005（10）.

[111] David J.Hand，Veronica Vinciotti. Choosing K for Two-class Nearest Neighbour Classifiers with Unbalanced Classes [J]. Pattern Recognition Letters，2003（24）.

[112] Gao Huaigu, Ding Xiaoqing, Liu Changsong. A Cylindrical Surface Model to Rectify the Bound Document Image [A]. Proceeding of the Ninth IEEE International Conference on Computer Vision [C]. IEEE, 2003.

[113] L.G. Miao, Y.J. Yue. Automatic Document Image Mosaicing Algorithm with Hand-held Camera [A]. Proceeding of the Second IEEE International Conference on Intelligent Control and Information Processing [C]. IEEE, 2011（2）.

[114] Jian Liang, Daniel De Menthon, David. Doermann. Flattening Curved Documents in Images [J]. Computer Vision and Pattern Recognition, 2005（6）.

[115] Jian Liang, Daniel De Menthon, David.Doermann. Geometric Rectification of Camera-captured Document Images [A]. IEEE Transactions on Pattern Analysis and Machine Intelligence [C]. IEEE, 2007（4）.

[116] Kuglin C. D., Hines D. C. The Phase Correlation Image Alignment Method [J]. Research Gate, 1975.

[117] E. De Castro, C. Morandi. Registration of Translated and Rotated Images Using Finite Fourier Transforms [J]. IEEE Transactions on Pattern Analysis and Machine Intelligence, 1987（5）.

[118] Chris Harris, Mike Stephens. A Combined Corner and Edge Detector [C]. Plessey Research Roke Manor, UK, 1988.

[119] Szeliski R. Video Mosaics for Virtual Environments [J]. IEEE Transactions on Computer Graphics and Applications, 1996（2）.

[120] Brown M., Lowe D.G. Recognizing Panoramas [C]. Proceeding of the Ninth IEEE International Conference on Computer Vision, 2003.

[121] David G. Lowe. Distinctive Image Features from Scale-invariant

Keypoints [J]. International Journal of Computer Vision，2004（2）.

[122] Yan Ke，Rahul Sukthankar. PCA-SIFT：A More Distinctive Representation for Local Image Descriptors [A]. Proceeding of the IEEE International Conference on Computer Society [C]. IEEE，2004.

[123] K. Mikolajczyk，C. Schmid. A Performance Evaluation of Local Descriptors [J]. IEEE Transactions on Pattern Analysis and Machine Intelligence，2005（10）.

[124] Herbert Bay，Tinne Tuytelaars，Luc J. Van God. SURF：Speeded-up Robust Features [J]. Computer Vision and Image Understanding，2008（3）.

[125] Engin Tola，Vincent Lepetit，Pascal Fua. DAISY：An Efficient Dense Descriptor Applied to Wide-baseline Stereo [J]. IEEE Transactions on Pattern Analysis and Machine Intelligence，2010（5）.

[126] Alexandre Alahi，Rapheal Ortiz，Pierre Vandergheynst. FREAK：Fast Retina Keypoint [C]. Proceeding of the IEEE International Conference on Computer Vision and Pattern Recognition，2012.

[127] Do Kyung Skin，Young Shik Moon. Super-resolution Image Reconstruction Using Wavelet Based Patch and Discrete Wavelet Transform [J]. Journal of Signal Processing Systems，2015（1）.